GÉOMÉTRIE

ÉLÉMENTAIRE;

A L'USAGE DES CLASSES D'HUMANITÉS,

DANS LES ÉTABLISSEMENTS D'INSTRUCTION PUBLIQUE;

RÉDIGÉE,

CONFORMÉMENT AU PROGRAMME OFFICIEL,

PAR M. H. VERNIER,

Professeur de mathématiques spéciales au collége royal de Henri IV.

TROISIÈME ÉDITION.

PARIS,

CHEZ L. HACHETTE,

LIBRAIRE DE L'UNIVERSITÉ ROYALE DE FRANCE,

RUE PIERRE-SARRAZIN, 12.

—

1837.

Le 27 février seul, elles prirent et brulèrent le *Trafalgar*, le *London*, la *Lucile-Jeanne*, le *Richemond*, la *Magdélaine* et le *Jupiter*, grandes embarcations de trois à quatre cents tonneaux, toutes chargées des cargaisons les plus précieuses. La veille, *la Pénélope* avait pris, après une longue chasse, le corsaire anglais *l'Actif*; quoique, pour rendre sa fuite plus rapide, il eut été à la mer ses dix-huit canons.

Elles continuèrent de croiser jusqu'au 14 mars, sur les eaux qui leur avaient été si favorables. Le vent s'étant porté dans l'ouest, le 15, elles prirent la direction du détroit, qu'elles passèrent le 7 vers neuf heures du soir. Leur premier jour de navigation dans la Méditerranée fut marqué par la prise de *l'Elisabeth* et de *la Beata-Virgen*. La première, expédiée de Malte à Londres; la seconde sortait de Gibraltar, et cinglait vers Malte.

Le 21, elles rangeaient, par une brise fraîche, les côtes de la Corse, quand elles aperçurent un brick armé en guerre prenant chasse devant elle. C'était le corsaire *l'Actif*. Ce navire était devenu, par ses tentatives audacieuses, la ter-

GÉOMÉTRIE

ÉLÉMENTAIRE.

AVIS DE L'ÉDITEUR :

Tout exemplaire de cet ouvrage non revêtu de ma griffe sera réputé contrefait.

L. Hachette

IMPRIMERIE DE C.-L.-F. PANCKOUCKE,
Rue des Poitevins, n° 14.

GÉOMÉTRIE

ÉLÉMENTAIRE

A L'USAGE DES CLASSES D'HUMANITÉS

DANS LES ÉTABLISSEMENTS D'INSTRUCTION PUBLIQUE;

RÉDIGÉE

CONFORMÉMENT AU PROGRAMME OFFICIEL;

PAR M. H. VERNIER,

PROFESSEUR DE MATHÉMATIQUES SPÉCIALES
AU COLLÉGE ROYAL DE HENRI IV.

TROISIÈME ÉDITION.

A PARIS,

CHEZ L. HACHETTE,

LIBRAIRE DE L'UNIVERSITÉ ROYALE DE FRANCE,
RUE PIERRE-SARRAZIN, N° 12.

1837.

PROGRAMME

DE L'ENSEIGNEMENT

DE LA GÉOMÉTRIE

DANS LES

COLLÉGES ROYAUX DE PARIS ET DE VERSAILLES

(CLASSES D'HUMANITÉS).

18 octobre 1833.

Le Conseil royal de l'instruction publique,

Arrête le Programme suivant pour l'enseignement de la Géométrie en troisième dans les colléges royaux de Paris et de Versailles :

1°. Appendice à l'Arithmétique. — Formation des carrés et des cubes. — Extraction des racines carrées et cubiques.

INTRODUCTION.

2°. Notions générales, espace ou corps, surfaces, lignes, points. — Objets principaux de la Géométrie : la figure et l'étendue; volumes, aires, longueurs.

3°. Définitions de la ligne droite, de la ligne courbe, de la surface plane, de la surface courbe, du cercle. — Maniement de la règle et du compas.

4°. Addition et soustraction des longueurs rectilignes. — Indication d'un procédé pour trouver le rapport de deux droites. — Indication du cas où les deux droites sont incommensurables. — Mesure des lignes droites; Vernier.

GÉOMÉTRIE PLANE.

5°. Définition des angles en général. — Angles droits, aigus et obtus. — Perpendiculaires et obliques. — Angles et arcs complémentaires et supplémentaires. — Mesure des angles; division de la circonférence en degrés et en grades. — Faire un angle égal à un autre. — Usage de l'équerre, du rapporteur et du graphomètre.

6°. Propriétés des perpendiculaires et des obliques. — Intersection de la ligne droite avec le cercle. — Propriétés des cordes, des sécantes et des tangentes. — Élever et abaisser une perpendiculaire au moyen de la règle et du compas. — Partager une droite, un arc de cercle ou un angle en deux parties égales.

7°. Théorie des parallèles. — Démonstration de Bertrand de Genève. — Propriétés du cercle coupé par deux parallèles. — Mesure des angles inscrits et circonscrits. — Divers moyens de mener des parallèles.

8°. Triangles; définition des diverses sortes de triangles considérés soit par rapport à leurs côtés, soit par rapport à leurs angles. — Démontrer que la somme des angles de tout triangle est égale à deux droits. — Cas divers d'égalité des triangles. — Propriétés particulières du triangle isocèle et du triangle rectangle. — Intersection et contact des cercles. — Construction des triangles.

9°. Quadrilatères en général. — Trapèze. — Parallélogramme. — Losange. — Rectangle. — Carré.

10°. Polygones et leur décomposition en triangles. — Polygones réguliers en général ; faire voir qu'ils sont inscriptibles et circonscriptibles au cercle. — Cas particulier du carré, de l'hexagone et du triangle.

11°. Propriétés des droites coupées par des séries de parallèles. — Quatrièmes proportionnelles. — Similitude des triangles. — Propriétés particulières du triangle rectangle. — Troisième et moyennes proportionnelles ; moyens de les construire. — Construction et usage des échelles. — Description du compas de proportion et du compas de réduction. — Mesure des hauteurs et des distances inaccessibles.

12°. Similitude des polygones en général. — Description de la planchette et son usage dans le lever des plans. — Similitude des polygones réguliers d'un même nombre de côtés. — Rapport des circonférences considérées comme des polygones d'un nombre infini de côtés. — Valeur approchée du rapport de la circonférence au diamètre.

13°. Mesure des aires. — Rectangles et parallélogrammes ; triangles ; trapèzes et polygones quelconques. — Polygones réguliers et cercle considéré comme un polygone régulier d'un nombre infini de côtés. — Secteurs et segments circulaires.

GÉOMÉTRIE DANS L'ESPACE.

14°. Propriétés générales des droites perpendiculaires et obliques à un plan. — Des angles dièdres et des plans perpendiculaires entre eux. — Des plans parallèles. — Des angles trièdres et polyèdres. — Description du fil à plomb et du niveau.

15°. Polyèdres en général. — Prisme ; parallélipipède ;

cylindre droit considéré comme un prisme dont la surface se développe en un rectangle. — Tétraèdre ; pyramide ; cône circulaire droit, considéré comme une pyramide régulière dont la surface se développe en un secteur de cercle.

16°. Propriétés générales de la sphère ; grands et petits cercles, dénomination de ses différentes parties.

17°. Mesure des surfaces cylindriques, coniques. — Surface de la sphère engendrée par la rotation d'un polygone régulier d'une infinité de côtés.

18°. Volume du parallélipipède, des prismes et du cylindre droit.

19°. Pyramides équivalentes considérées comme des séries de tranches parallèles et infiniment minces. — Volume des pyramides et du cône.

20°. Volume de la sphère décomposée en une infinité de pyramides qui ont leur sommet à son centre. — Volume des segments et des secteurs sphériques.

APPENDICE

A

L'ARITMÉTIQUE.

RACINES CARRÉES DES NOMBRES ENTIERS.

1. On appelle carré d'un nombre le produit de la multiplication de ce nombre par lui-même. Ainsi 144, produit de 12 par 12, est le carré de 12 ; $\frac{4}{9}$ est le carré de $\frac{2}{3}$, et 0,25 celui de 0,5.

On nomme racine carrée d'un nombre un second nombre, dont le carré est égal au premier nombre : ainsi 9 est la racine carrée de 81 ; car le produit de 9 par 9 est 81 ; $\frac{4}{5}$ est la racine carrée de $\frac{16}{25}$, et 0,6 est celle de 0,36.

Les règles de la multiplication suffisent pour former le carré d'un nombre quelconque ; mais il faut établir celles qui servent à *extraire* la racine carrée des nombres ; et d'abord, nous considérerons les nombres entiers.

2. Pour connaître la racine carrée des nombres qui ne contiennent pas plus de deux chiffres, il suffit de se rappeler que les carrés des nombres

1, 2, 3, 4, 5, 6, 7, 8, 9.

sont respectivement

1, 4, 9, 16, 25, 36, 49, 64, 81.

Ainsi, la racine carrée de 16 sera 4 ; celle de 48, qui est renfermée entre 36 et 49, sera comprise entre 6 et 7.

3. Mais si le nombre dont on cherche la racine est composé de plus de deux chiffres ; comme la racine en aura plus d'un, il faut, pour apprendre à la calculer, examiner d'abord comment se compose le carré d'un nombre qui contient plus d'un chiffre.

Considérons, par exemple, le carré de 47, qui est 2209, ce qu'on trouve en multipliant 47 par lui-même. Pour distinguer les parties qui composent ce carré, nous disposerons ainsi qu'il suit le calcul de cette multiplication :

$$\begin{array}{r} 47 \\ 47 \\ \hline 49 \\ 28 \\ 28 \\ 16 \\ \hline 2209 \end{array}$$

On a d'abord multiplié par 7 les 7 unités de 47, ce qui a donné 49. Ensuite on a multiplié par 7 le chiffre 4 des dizaines de 47 ; et on a eu soin, pour exprimer que le produit 28 représente des dizaines, de placer au rang des dizaines le chiffre 8 qui occupe la droite de ce produit. En multipliant le chiffre 7 des unités du multiplicande, par les dizaines du multiplicateur, on a eu une seconde fois le produit 28, qui est écrit sous le premier. Enfin, on a multiplié les 4 dizaines du multiplicande, par les 4 dizaines du multiplicateur, et on a placé le produit 16, de manière que le chiffre 6 qui en occupe la droite fût au rang des centaines.

En général, on voit que le carré d'un nombre de deux chiffres contiendra, 1° le carré du chiffre des unités; 2° deux fois le produit des dizaines par les unités; 3° le carré des dizaines.

4. Appliquons ces remarques à la recherche de la racine carrée du nombre 4489. Elle se composera de deux chiffres, parce que 4489 étant compris entre 100 et 10000, sa racine carrée doit être comprise entre celles de 100 et de 10000, qui sont 10 et 100.

$$\begin{array}{r|l} 4489 & 67 \\ 36 & \overline{127} \\ \hline 889 & \end{array}$$

4489 contient le carré des unités de la racine, le double produit des dizaines de la racine par ses unités et le carré de ses dizaines. Les deux derniers chiffres 8 et 9 de ce nombre ne font pas partie du carré des dizaines, qui se place toujours au rang des centaines. C'est donc le nombre 44 qui contiendra le carré du nombre de dizaines que renferme la racine. Mais il contient de plus les centaines qui ont pu être formées par l'addition des deux autres parties que renferme encore le carré, savoir : le double produit des dizaines par les unités et le carré des unités. On conclut de là facilement, que si on cherche le plus grand carré contenu dans 44, qui est 36, sa racine 6 sera le chiffre des dizaines de la racine carrée de 4489. Ainsi, la racine carrée de 4489 se composera de 6 dizaines, et d'un nombre d'unités encore inconnu.

Pour trouver les unités de la racine, on écrira au-dessous de 44 le carré 36 des 6 dizaines déjà trouvées, on le retranchera de 44, et à droite du reste qui est 8, on abaissera les chiffres 8 et 9, qu'on avait d'abord séparés sur la droite de 4489 : le nombre 889 ainsi formé renfermera le double produit des dizaines de la racine par ses unités et le carré de ces unités. Or, le chiffre 9 des unités de 889 ne peut faire partie du double produit des dizaines par les unités, qui est nécessairement contenu dans la partie 88. On divisera donc 88 par le double des 6 dizaines qui est 12, et le quotient 7 sera le chiffre des unités. Pour le vérifier on écrira le chiffre 7 à la droite de 12, et on multipliera 127 par 7. Car, comme on forme ainsi à la fois le carré des 7 unités, et le produit du double 12 des dizaines par les unités, le produit de cette multiplication doit être 889, si la racine de 4489 est exactement 67.

5. Si on cherche de la même manière la racine carrée de 1444,

$$\begin{array}{r|l} 1444 & 38 \\ 544 & \overline{68} \\ 000 & \end{array}$$

on séparera d'abord deux chiffres sur la droite de ce nombre, et le plus grand carré contenu dans 14 étant 9 dont la racine est 3, la racine demandée renfermera 3 dizaines ; on retranchera de 14 le carré de 3, ou 9, et abaissant à droite du reste 5 les deux chiffres séparés sur la droite de 1444, on aura le nombre 544. On séparera le chiffre des unités de ce nombre, et pour connaître le chiffre des unités de la racine, d'après le raisonnement précédent, on divisera 54 par le double 6 du nombre de dizaines déjà trouvé. Le quotient de cette division sera 9, et pourtant la racine de 1444 ne doit pas contenir 9 unités, car si, pour vérifier le chiffre 9, on l'écrit à droite du diviseur 6, et si on multiplie 69 par 9, le produit sera plus fort que 544. Cela tient à ce que 54 ne renferme pas seulement le double produit des dizaines de la racine par ses unités, mais en outre les dizaines que le carré des unités a pu fournir. Le quotient 9 de la division de 54 par 6 a donc pu être plus grand que le chiffre inconnu des unités; et si on le diminue, et qu'on essaye le chiffre 8, on trouve que la racine carrée de 1444 est 38 exactement.

On trouvera, en appliquant la méthode précédente, que les racines de 5625 et 121 sont respectivement 75 et 11.

```
5625 | 75         121 | 11
  59 |―――          21 |――
 ――― | 145         00 | 2
 725 |
 000 |
```

6. Quand la racine carrée d'un nombre entier contiendra plus de deux chiffres, on l'obtiendra d'une manière analogue.

Pour trouver celle de 455625,

```
45,56,25 | 675
   36    |―――――――――――
 ――――――  | 127   1345
   95,6  |   7      5
   88,9  |―――――――――――
 ――――――  | 889   6725
   6 725
```

j'observe que ce nombre étant compris entre 10000

qui est le carré de 100, et 1000000 qui est le carré de 1000, sa racine carrée sera comprise entre 100 et 1000, et sera un nombre de trois chiffres. Elle sera donc composée de dizaines et d'unités comme dans les exemples précédents, mais le nombre des dizaines sera plus grand que 9. Par exemple, le nombre 726, qui contient trois chiffres, peut être considéré comme composé de 72 dizaines et de 6 unités. On peut donc dire, comme plus haut, que 455625 contient le carré des dizaines de la racine, le double produit des dizaines par les unités, et le carré des unités. On séparera donc, sur la droite de ce nombre, les chiffres 5 et 2 qui ne peuvent faire partie du carré de dizaines, et on cherchera la racine du plus grand carré contenu dans 4556, pour avoir le nombre des dizaines que contient la racine carrée de 455625. La question est donc ramenée à extraire la racine carrée d'un nombre de 4 chiffres; ce qui se fera comme dans les exemples précédents.

On sépare les chiffres 6 et 5 par une seconde virgule sur la droite de 4556. Le plus grand carré contenu dans 45 est 36 dont la racine est 6. On retranche 36 de 45, et on abaisse les chiffres 5 et 6 à droite du reste 9. Sur la gauche du nombre 956, ainsi obtenu, on sépare le nombre 95, que l'on divise par le double 12 du chiffre 6 déjà placé à la racine; le quotient 7 est le second chiffre de la racine; car, si on écrit 7 sur la droite de 12, et si on multiplie 127 par 7, le produit 889 pourra être retranché de 956, et on aura pour reste le nombre 67. Si à la droite de ce reste on écrit les derniers chiffres 2 et 5 de 455625, le nombre 6725 ainsi formé contiendra le double produit des 67 dizaines de la racine par le nombre de ses unités encore inconnu, et le carré de ces unités. Comme le chiffre 5 du nombre 6725 ne peut faire partie du double produit des dizaines par les unités, on divisera 672 par 134, qui est le double du nombre 67 des dizaines de la racine. Le quotient 5 est le chiffre des unités de la racine de 455625 ; car si on l'écrit à droite de 134, et si on multiplie 1345 par 5, on trouve exactement 6725.

La racine carrée de 455625 est donc 675.

On trouve, en suivant la même marche, que la racine carrée de 20484676 est 4526

```
20,48,46,76 | 4526
16          |
──          | 85    902    9046
448         |  5      2       6
2346        | ───   ───    ─────
 54276      | 425   1804   54276
```

7. Si on cherche la racine de 824464

```
82,44,64 | 908
 1 4,4   |────
 1 4 464 | 1808
         |    8
         |─────
         | 14464
```

Après avoir séparé le nombre en tranches de deux chiffres, et ôté de la dernière tranche 82, le carré 81 du premier chiffre 9 de la racine, on a le reste 1 à droite duquel on abaisse la seconde tranche 44. On sépare le chiffre 4 des unités du nombre 144 ainsi formé, et c'est la division de 14 par le double 18 du chiffre déjà posé à la racine, qui doit donner le second chiffre de la racine. Mais le dividende 14 est moindre que le diviseur 18. Dans ce cas, on pose 0 à la racine, et, continuant l'opération, on abaisse la dernière tranche 64 à droite de 144 ; on sépare le dernier chiffre 4 sur la droite du nombre 14464 ainsi formé, on divise 1446 par le double 180 du nombre 90 des dizaines de la racine ; et le quotient 8 est le chiffre de ses unités.

On trouvera ainsi 405 et 804 pour les racines carrées des nombres 164025 et 646416.

En général, si le nombre qui, divisé par le double de la partie de la racine déjà trouvée, doit donner un nouveau chiffre de la racine, est plus petit que son diviseur, on place 0 au quotient, et on continue en abaissant la tranche suivante.

8. Il arrive le plus souvent que le nombre dont on cherche la racine carrée n'est pas le carré d'un nombre entier. Ainsi, 71 est compris entre 64 et 81, carrés de 8 et de 9. La règle précédente fait alors connaître le plus grand carré contenu dans le nombre proposé, et il y a un reste qui est l'excédant du nombre donné sur ce plus grand carré. Ainsi, si on cherche la racine carrée de 854

$$
\begin{array}{r|l}
8\;5\;4 & 29 \\
45{,}4 & \overline{49} \\
1\;3 & 9 \\
\hline
& 441
\end{array}
$$

on trouve que 854 est plus grand de 13 que le carré de 29. Le carré de 30 serait plus grand que 854 ; la racine demandée est donc comprise entre 29 et 30, et 29 sera la racine carrée de 854 à moins d'*une unité près*.

9. Puisque la racine carrée de 854 est comprise entre 29 et 30, si on ajoute une fraction à 29, on aura un nombre dont le carré pourra être plus

rapproché de 854 que celui de 29. Par exemple, si on ajoute la fraction $\frac{1}{6}$ à 29, et si on forme le carré de 29 $\frac{1}{6}$, on trouve $\frac{30625}{36}$ ou 850 et $\frac{25}{36}$, qui ne diffère de 854 que de trois unités et $\frac{11}{36}$, tandis que la différence entre le carré de 29 et 854 était 13.

On pourrait choisir la fraction qu'on ajoute au nombre entier 29, de telle sorte que la différence entre le carré du nombre ainsi formé, et le nombre 854, fût encore moindre que 3 et $\frac{11}{36}$ et devînt de plus en plus petite. Mais quelque fraction qu'on choisisse, jamais, en l'ajoutant à 29, on ne formera un nombre dont le carré soit exactement 854; autrement dit, le carré d'un nombre composé d'une partie entière et d'une fraction ne peut jamais être un nombre entier, et la racine carrée d'un nombre qui n'est pas le carré parfait d'un autre nombre entier ne peut être évaluée que par approximation. Nous ferons voir tout à l'heure comment on calcule ces racines approchées; mais pour démontrer qu'elles ne peuvent pas s'obtenir rigoureusement, il faudrait entrer dans des détails qui nous mèneraient trop loin.

On appelle *commensurable* tout nombre composé comme les nombres entiers, d'un nombre exact d'unités; ou composé comme les fractions, d'un nombre exact de parties d'unité. Les racines des nombres entiers, qui ne sont pas les carrés parfaits d'autres nombres entiers, ne pouvant s'exprimer par un nombre exact d'unités, ou de parties d'unités, sont appelées *incommensurables*.

RACINES CARRÉES DES NOMBRES DÉCIMAUX.

10. D'après la règle connue pour la multiplica-

tion des nombres décimaux, si on veut former le carré d'un nombre décimal, on le multipliera par lui-même en faisant abstraction de la virgule, et on séparera sur la droite du produit un nombre de chiffres décimaux double du nombre des chiffres décimaux que contient le nombre proposé. Ainsi, pour former le carré de 3,28, on multiplie 328 par lui-même, ce qui donne 107584, et séparant 4 chiffres décimaux sur la droite de ce nombre, on a 10,7584 pour le carré du nombre proposé.

11. D'après cela, si on cherche la racine carrée d'un nombre décimal, il faut d'abord que le nombre des chiffres décimaux soit pair : s'il ne l'était pas, on le rendrait tel en plaçant un zéro à la droite du nombre. Ensuite, faisant abstraction de la virgule, on extrait la racine carrée comme s'il s'agissait d'un nombre entier, mais on sépare sur sa droite un nombre de chiffres décimaux égal à la moitié du nombre des chiffres décimaux que contient le carré donné.

Ainsi, pour avoir la racine carrée de 6,25, on prendra celle de 625, qui est 25, et séparant un seul chiffre décimal sur sa droite, on aura le nombre 2,5.

Pour avoir celle de 4,2351, on prendra celle de 42351, qui est 205 à une unité près, et séparant deux chiffres décimaux sur la droite de 205, on aura 2,05 dont le carré n'est pas exactement 4,2351, mais 2,05 approche, à moins d'un centième près, de la racine de 4,2351 ; c'est-à-dire, que le nombre donné 4,2351 est compris entre le carré de 2,05 et celui de 2,06.

Si on cherche la racine carrée de 3,612, on placera d'abord un zéro à la droite de ce nombre, ce qui donnera 3,6120 ; on cherchera, à une unité près, la racine carrée de 36120, qui est 190 ; on séparera ensuite deux chiffres décimaux sur la droite de ce nombre, et la racine carré de 3,612 sera 1,90 à moins d'un centième près.

Ainsi on obtient la racine carrée d'un nombre décimal à moins d'un dixième, d'un centième, d'un millième près, etc., suivant que ce nombre contient deux, quatre, six chiffres décimaux, etc. Et comme on peut placer à la droite d'un nombre décimal autant de zéros que l'on veut, on calculera sa racine carrée avec telle approximation qu'on voudra.

Par exemple, pour avoir, à moins d'un millième près, la racine carrée de 3,6, on placera cinq zéros à droite de ce nombre qui deviendra 3,600000, on cherchera la racine carrée de 3600000 à moins d'une unité près ; et sur la droite de cette racine qui est 1897, on séparera trois chiffres décimaux, ce qui donnera 1,897 pour la racine de 3,6 à moins d'un millième près.

12. On emploiera la même méthode pour approcher de la racine carrée des nombres entiers qui ne sont pas des carrés parfaits.

Si on veut, à moins d'un dixième près, la racine carrée de 45, il faut convertir ce nombre en centièmes en plaçant deux zéros à sa droite. On a ainsi 4500 centièmes dont la racine carrée est 67 dixièmes ou 6,7 à moins d'un dixième près.

Pour avoir, à moins d'un centième près, la racine carrée de 45, on convertit ce nombre en dix millièmes en plaçant quatre zéros à sa droite, ce qui donne 450000 dix millièmes, dont la racine carrée est 670 centièmes, ou 6,70 à moins d'un centième près.

En général, pour avoir, à moins d'un dixième près, moins d'un centième près, etc., la racine carrée d'un nombre entier, on placera à sa droite deux zéros, quatre zéros, etc.; faisant ensuite abstraction de la virgule, on prendra la racine carrée du nombre à moins d'une unité près, et on séparera sur sa droite un chiffre décimal, deux chiffres décimaux, etc.

On trouvera ainsi que la racine carrée de 8 est 2,82 à moins d'un centième près; et que celle de 12 est 3,464 à moins d'un millième près.

RACINES CARRÉES DES FRACTIONS ORDINAIRES.

13. D'après la règle connue pour la multiplication des fractions ordinaires on formera le carré d'une fraction, en élevant séparément au carré le numérateur et le dénominateur. Ainsi le carré de $\frac{3}{5}$ est $\frac{9}{25}$, celui de $\frac{2}{9}$ est $\frac{4}{81}$.

14. Réciproquement on aura la racine carrée d'une fraction, en prenant séparément celle du numérateur et celle du dénominateur. Ainsi la racine carrée de $\frac{9}{121}$ est $\frac{3}{11}$; celle de $\frac{16}{625}$ est $\frac{4}{25}$.

Mais le plus ordinairement, les deux termes de la fraction ne sont pas des carrés parfaits, et alors on ne peut plus calculer la racine demandée que par approximation.

Pour avoir la racine carrée de $\frac{7}{11}$, on multiplie ses deux termes par 11, et la fraction devient $\frac{77}{121}$ dont le dénominateur est le carré de 11; de sorte qu'on peut prendre exactement la racine du dénominateur. Quant à celle du numérateur, elle est 8 à moins d'une unité près, et la racine carrée de $\frac{7}{11}$

sera $\frac{8}{11}$ à moins d'un onzième près. En effet, 8 étant la racine carrée de 77 à moins d'une unité près, 77 sera compris entre 64 carré de 8, et 81 carré de 9. Ainsi $\frac{77}{121}$ ou $\frac{7}{11}$ sera compris entre $\frac{64}{121}$ carré de $\frac{8}{11}$, et $\frac{81}{121}$ carré de $\frac{9}{11}$; donc la racine carrée de $\frac{7}{11}$ sera comprise entre $\frac{8}{11}$ et $\frac{19}{11}$.

Pareillement, pour prendre la racine carrée de $\frac{17}{25}$ à moins de $\frac{1}{25}$ près, on multipliera les deux termes de cette fraction par 25, ce qui donnera $\frac{425}{625}$, on prendra la racine carrée du numérateur à moins d'une unité près, celle du dénominateur exactement, et on aura $\frac{20}{25}$ ou $\frac{4}{5}$ pour la racine demandée.

15. Si on avait besoin d'une plus grande approximation, on convertirait la fraction en une fraction équivalente, dont le dénominateur fût le carré d'un nombre plus considérable. Ainsi, pour avoir la racine carrée de $\frac{5}{7}$, on peut d'abord multiplier ses deux termes par un nombre quelconque, afin de donner à cette fraction un dénominateur plus grand que 7; par exemple, on les multipliera par 6, et on aura $\frac{30}{42}$. Ensuite, appliquant la méthode précédente, on trouvera $\frac{35}{42}$ ou $\frac{5}{6}$ pour la racine carrée de $\frac{5}{7}$ à moins de $\frac{1}{42}$ près.

16. On a vu au n° 12 comment on calcule la racine carrée d'un nombre entier à moins d'un dixième, d'un centième près, etc. Si on veut la calculer à moins d'une fraction quelconque près, par exemple, si on demande la racine carrée de 8 à moins de $\frac{1}{25}$ près, on peut appliquer la méthode du n° 14. On convertit 8 en une fraction dont le dénominateur soit le carré de 25, ou 625. Pour cela on multiplie 8 par 625, et 8 est remplacé par le nombre fractionnaire $\frac{5000}{625}$, on prend la racine de 5000 à moins d'une unité près; cette racine est 70,

et la racine carrée de 8 à moins de $\frac{1}{25}$ près sera $\frac{70}{25}$ ou $\frac{14}{5}$, ou 2 unités et $\frac{4}{5}$ d'unité.

En effet, si on reprend ici le raisonnement du n° 14, on dira : 5000 est compris entre 4900 carré de 70 et 5041 carré de 71 ; donc $\frac{5000}{625}$ ou le nombre donné 8 est compris entre $\frac{4900}{625}$ et $\frac{5041}{625}$; et la racine carrée de 8 est renfermée entre les nombres $\frac{70}{25}$ et $\frac{71}{25}$, qui sont les racines exactes de $\frac{4900}{625}$ et de $\frac{5041}{625}$.

RACINES CUBIQUES DES NOMBRES ENTIERS.

17. On appelle *cube* ou troisième puissance d'un nombre un second nombre que l'on forme en multipliant le premier deux fois de suite par lui-même. Ainsi, le cube de 2 est 8, car 2 fois 2 font 4, et 2 fois 4 font 8. Le cube de $\frac{3}{4}$ est $\frac{27}{64}$, car les $\frac{3}{4}$ de $\frac{3}{4}$ sont $\frac{9}{16}$ et les $\frac{3}{4}$ de $\frac{9}{16}$ sont $\frac{27}{64}$.

18. On nomme racine cubique d'un nombre, un second nombre tel que si on en fait le cube ou la troisième puissance, c'est-à-dire si on le multiplie deux fois de suite par lui-même, on retrouve pour produit le premier. Ainsi, 5 est la racine cubique de 125, car 5 fois 5 font 25 et 5 fois 25 font 125 ; et $\frac{2}{3}$ est la racine cubique de $\frac{8}{27}$, car le cube de $\frac{2}{3}$ est $\frac{8}{27}$.

19. Les nombres entiers

1   8   27   64   125   216   343   512   729

ont respectivement pour racines cubiques les nombres

1   2   3   4   5   6   7   8   9

Les racines cubiques des nombres qui tombent dans l'intervalle des nombres 1, 8, 27, 64, etc., ne sont pas des nombres entiers. Par exemple, la racine cubique de 718 est plus grande que 8 dont le cube est 512, et plus petite que 9 dont le cube est 729. On dit alors que la racine cubique de 718 est 8 à moins d'une *unité près*. Quand le nombre dont on cherche la racine cubique est plus grand que 1000, cette racine est plus grande que 10, et elle contient un certain nombre de dizaines et d'unités. Pour trouver ces dizaines et ces unités, on raisonne et on opère d'une façon qui a beaucoup d'analogie avec ce qui a déjà été fait par les racines carrées ; et comme le lecteur a déjà été préparé, par la recherche des racines carrées, à comprendre ce qui a rapport aux racines cubiques, nous traiterons plus rapidement cette seconde partie.

20. On a déjà vu que le carré d'un nombre qui contient des dizaines et des unités se compose de trois parties, savoir : le carré des dizaines, le double produit des dizaines par les unités, et le carré des unités. Si on multiplie chacune de ces trois parties d'abord par les dizaines, ensuite par les unités du nombre dont il s'agit, on trouvera que son cube est formé de 6 parties qui peuvent se réduire à 4 parties distinctes, savoir : le cube des dizaines, 3 fois le produit du carré des dizaines par les unités, 3 fois le produit des dizaines par le carré des unités, et le cube des unités.

Par exemple, le carré de 47 contient le carré des 4 dizaines qui est 1600, le double produit des 4 dizaines par les 7 unités qui est 560, et le carré des 7 unités qui est 49. Or, si on multiplie chacune de ces 3 parties, d'abord par les 4 dizaines, ensuite par les 7 unités de 47, on aura 6 parties composant le cube de 47, et ces 6 parties se réduisent à 4 parties distinctes, savoir : le cube des 4 dizaines qui est 64000 ; le triple produit du carré des dizaines qui est 1600 par les 7 unités, ce qui donne 33600 ; le triple produit des 4 dizaines par le carré des 7 unités, ce qui donne 5880 ; et enfin le cube des 7 unités qui est 343.

En effet, si on ajoute les 4 nombres 64000, 33600, 5880 et 343, on trouve pour somme 103823. Et on peut vérifier que ce nombre est exactement le cube de 47, car en multipliant 47 deux fois de suite par 47, on obtient effectivement 103823.

Prenons pour second exemple le nombre 366. On peut le considérer comme composé de 36 dizaines et de 6 unités. Le cube de 36 dizaines est 46656000, le triple carré des 36 dizaines multiplié par les 6 unités donne 2332800, le triple des 36 dizaines multiplié par le carré des 6 unités donne 38880, et le cube des unités est 216. En ajoutant ces 4 parties, on trouve 49027896. Pour vérifier que ce nombre est exactement le cube de 366, je multiplie 366 deux fois de suite par 366, et je trouve en effet 49027896.

Le lecteur fera bien de s'exercer ainsi sur des nombres pris au hasard, à former et à réunir les 4 parties du cube, et à vérifier que la somme de ces 4 parties est exactement le cube du nombre choisi.

21. Soit proposé d'extraire la racine cubique du nombre 110592.

110592	48
64	16
	3
465,92	48

Je sépare trois chiffres sur la droite du nombre 110592, parce que comme le cube du nombre des dizaines de la racine doit être terminé par trois zéros, les trois chiffres que je sépare ne peuvent pas faire partie de ce cube, qui est contenu tout entier dans 110. Je prends à moins d'une unité près la racine cubique de 110, cette racine est 4 ; je pose 4 au rang des dizaines de la racine cubique demandée, et je retranche de 110 le cube de ces dizaines, qui est 64, ce qui donne 46 pour reste. A la droite de ce reste, j'abaisse le nombre 592 qui a été séparé sur la droite. Le nombre 46592 ainsi formé contient encore trois fois le produit du carré des dizaines de la racine par les unités, trois fois le produit des dizaines de la racine par le carré de ses unités, et le cube de ses unités. Comme le triple carré des dizaines de la racine, multiplié par les unités, est un produit terminé par deux zéros, les deux derniers chiffres à droite du nombre 46592 ne peuvent pas faire partie de ce produit qui est contenu tout entier dans 465. Je forme le carré des 4 dizaines de la racine, qui est 16 ; je le triple, ce qui donne 48, et je cherche combien de fois 465 contient 48. Il le contient 9 fois. Le nombre 9 ne peut pas être au-dessous du nombre des unités que contient la racine, puisque nous sommes sûrs que 465 contient au moins le produit des unités de la racine, par 48 triple carré des dizaines ; mais on peut craindre qu'il ne soit au-dessus, parce que 465, outre le triple produit du carré des dizaines par les unités, contient encore les centaines qui ont pu provenir des deux autres parties du cube. Pour savoir si le chiffre 9 est véritablement le chiffre des unités de la racine dont nous avons déjà trouvé les 4 dizaines, je fais le cube de 49, je trouve 117649 nombre plus grand que 110592, donc le chiffre 9 était trop fort. J'essaie 48 et je trouve que le cube de 48 est exactement 110592.

22. Quand la racine demandée doit contenir plus de deux chiffres, on opère d'une manière analogue. Par exemple, pour avoir la racine cubique de 258474853

```
258,474,853 | 637
216         |-----
------------| 36
   424,74   |  3
   8427853  |-----
            | 108
```

je sépare deux tranches de trois chiffres sur la droite de ce nombre, je prends la racine cubique du plus grand cube contenu dans la dernière tranche 258; cette racine est 6 pour 216. Je retranche 216 de 258, et à la droite du reste 42 j'abaisse la seconde tranche. J'ai ainsi le nombre 42474 sur la droite duquel je sépare deux chiffres, et je divise 424 par le nombre 108, que j'obtiens en triplant le carré du chiffre 6 déjà posé à la racine. Je forme le cube de 63, je trouve 250047, je le retranche de 258474. Le reste est 8427. J'abaisse la dernière tranche à la droite de ce reste, ce qui donne le nombre 8427853 sur la droite duquel je sépare deux chiffres, et je divise 84278 par le nombre 11907 que j'obtiens en triplant le carré du nombre 63 déjà posé à la racine. Le quotient de cette division est 7, je pose 7 à droite de 63. Je fais le cube de 637, et comme je trouve exactement 258474853, j'en conclus que 637 est exactement la racine cubique demandée.

En opérant comme nous venons de le faire dans les deux exemples précédents, on trouvera 29 pour la racine cubique de 24389 ; celle de 69426531 est 411, et celle de 48627125 est 365.

23. Quand la racine cubique d'un nombre entier tombe entre deux nombres entiers consécutifs, on peut dire à son égard tout ce qui a été dit au n° 9 sur les racines carrées des nombres entiers qui ne sont pas des carrés parfaits ; cette racine cubique alors est un nombre incommensurable dont la valeur ne peut plus être obtenue que par approximation. Ainsi la racine cubique de 1814 tombe entre 12 dont le cube est 1728, et 13 dont le cube est 2197. Or, en ajoutant à 12 une fraction soit décimale, soit ordinaire, on aura des nombres dont le cube différera de 1814 aussi peu que l'on voudra, mais il n'existe pas de nombre fractionnaire dont le cube soit exactement égal à 1814.

24. Pour obtenir à moins d'un dixième près la racine cubique d'un nombre entier qui n'est pas un cube parfait, on place trois zéros à sa droite, ce qui convertit ce nombre en dix-millièmes ; on extrait à moins d'une unité près la racine cubique du nombre ainsi obtenu, comme s'il exprimait des unités entières, et on sépare un chiffre décimal sur la droite de cette racine.

Ainsi pour avoir à moins de 0,1 près la racine cubique de 6, j'écris 6,000 au lieu de 6. Je prends à moins d'une unité près la racine cubique de 6000 qui est 18, je sépare un chiffre décimal sur sa droite, et le nombre 1,8 est à moins de 0,1 près, la racine cubique de 6. En effet le cube de 1,8 est 5,832, nombre plus petit que 6. Mais si on ajoute un seul dixième à 1,8, ce qui donne 1,9, et si on fait le cube de 1,9, on trouve 6,859, nombre plus grand que 6.

Si on veut à moins de 0,01 près la racine cubique d'un nombre entier, on placera 6 zéros à sa droite, pour le convertir en millionièmes ; on extraira à moins d'une unité près la racine cubique du nombre ainsi obtenu, comme s'il exprimait des unités entières, et on séparera deux chiffres décimaux sur la droite de cette racine.

En opérant ainsi on trouvera que la racine cubique de 13 à moins de 0,01 près est 2,35. Pour faire la preuve il faut faire le cube de 2,35 et celui de 2,36 ; on trouvera que l'un est 12,977875, nombre plus petit que 13, mais que l'autre est 13,144256, nombre plus grand que 13. On trouvera de même que la racine de 126 à moins de 0,01 près est 5,01.

Si on avait voulu obtenir les racines cubiques de 13 et de 126 à moins de 0,001 près, il aurait fallu placer 9 zéros à la droite de ces nombres, chercher à moins d'une unité près la racine cubique des nombres ainsi obtenus, et séparer trois décimales sur la droite de ces racines cubiques. On trouvera ainsi 2,351 et 5,013 pour les racines cubiques de 13 et de 126 à moins de 0,001 près.

25. Quand le nombre dont on veut extraire la racine cubique est un nombre entier accompagné de chiffres décimaux, il faut que le nombre des chiffres décimaux soit un des nombres 3, 6, 9, etc., suivant que l'on veut à la racine cubique des dixièmes, ou des centièmes, ou des millièmes, etc. A cet effet on place au besoin un ou plusieurs zéros à la droite du nombre décimal dont on cherche la racine cubique.

Par exemple, pour avoir à moins de 0,01 près la racine cubique de 11,9, je place cinq zéros à la droite de ce nombre, ce qui donne 11,900000 ; négligeant la virgule, j'extrais à moins d'une unité près la racine cubique de 11900000 ; je trouve 228, et, séparant deux décimales sur la droite de ce nombre, j'ai le nombre 2,28 pour la racine cubique de 11,9 à moins de 0,01 près.

Pour preuve on fera les cubes des deux nombres 2,28 et 2,29 ; on trouvera les nombres 11,852352 et 12,008989 qui sont en effet l'un plus petit, l'autre plus grand que 11,9.

26. La racine cubique des fractions ordinaires s'obtient en extrayant la racine cubique du numérateur et celle du dénominateur, quand ces deux racines peuvent s'obtenir exactement. Par exemple la racine cubique de $\frac{8}{27}$ est $\frac{2}{3}$ et celle de $\frac{125}{2197}$ est $\frac{5}{13}$.

Quand les deux termes de la fraction ne sont pas des cubes parfaits, on rend le dénominateur un cube parfait, en multipliant deux fois de suite les deux termes de la fraction par ce dénominateur. Ainsi pour avoir la racine cubique de $\frac{5}{7}$, je multiplie les deux termes de cette fraction par 49 carré de 7, je trouve $\frac{245}{343}$, je prends à moins d'une unité près la racine cubique du numérateur 245, qui est 6 ; celle du dénominateur est évidemment 7, et la racine de $\frac{5}{7}$ est $\frac{6}{7}$ à moins de $\frac{1}{7}$ près.

De même la racine cubique de $\frac{8}{15}$ est $\frac{11}{15}$ à moins de $\frac{1}{15}$ près.

27. On peut employer un moyen analogue, pour obtenir par approximation la racine cubique des nombres entiers qui ne sont pas des carrés parfaits. Par exemple, pour avoir à moins de $\frac{1}{7}$ près

la racine cubique de 9, je convertis 9 en une fraction dont le dénominateur est le cube de 7, et j'écris $\frac{3087}{343}$ au lieu de 9; je prends la racine cubique du dénominateur, qui est 7 exactement, et celle du numérateur, qui est 14 à moins d'une unité près, et je trouve ainsi que la racine cubique de 9 est $\frac{14}{7}$ ou 2, à moins de $\frac{1}{7}$ près.

GÉOMÉTRIE
ÉLÉMENTAIRE.

II.[1]

Notions générales, espaces ou corps, surfaces, lignes, points. — Objets principaux de la géométrie : la figure et l'étendue. — Volume, aires, longueurs.

1.

Volume, figure et surface des corps.

Chaque corps occupe une portion de l'espace plus ou moins grande, qu'on appelle son volume. La manière dont le volume est circonscrit constitue la *figure* du corps, et on nomme sa *surface* ce qui le termine de toutes parts.

2.

Dimensions des corps.

Le plus ordinairement le volume d'un corps

---

[1] Les chiffres romains indiqueront, dans toute la suite, les vingt numéros du programme que nous avons placé en tête de cet ouvrage.

peut s'estimer en trois sens principaux, autrement dit en *trois dimensions*. Ainsi, dans une planche, le volume s'étend en longueur, en largeur et en épaisseur. De même, on distingue dans un mur l'épaisseur, la hauteur et la longueur. Cependant il n'est pas toujours nécessaire d'évaluer dans un corps trois dimensions principales pour estimer son volume. Ainsi le volume d'une boule bien ronde ne dépend que de son épaisseur; et de même, pour estimer celui d'une bûche bien droite et bien arrondie, il suffit de connaître son épaisseur et sa longueur. Toutefois, comme on peut toujours diviser par la pensée un corps de forme quelconque en morceaux qui aient distinctement longueur, largeur et épaisseur, on dit généralement que: *tous les corps de la nature sont étendus en trois dimensions.*

3.

Surface, ligne, point.

La surface d'un corps ne peut pas être parcourue, comme son intérieur, en trois sens principaux; elle n'a que deux dimensions. Ainsi, dans une table, on distingue la longueur, la largeur et l'épaisseur; mais la surface de la table a seulement deux dimensions, la longueur et la largeur.

On emploie le mot *ligne*, pour désigner un lieu de l'espace, dans lequel on ne considère plus qu'une seule dimension. Ainsi le contour de la figure ACBH (*fig.* 1) est une ligne. De même quand un corps de figure quelconque est lancé dans l'espace, la route que suit chaque partie infiniment petite du corps est une ligne.

Le mot *point* sert à désigner les lieux de l'espace

dans lesquels on ne considère plus aucune dimension. Ainsi, on dit que les deux lignes AS et SK (*fig.* 1) se rencontrent au *point* S, et que les deux extrémités de la ligne AS sont les points A et S.

4.

But général de la géométrie.

La géométrie est la science des vérités qui ont rapport aux lignes, aux surfaces et aux volumes. La connaissance des propositions de la géométrie et des règles qu'elle fournit est utile aux hommes de toutes les classes et leur est souvent indispensable : à l'artisan, pour façonner les matières diverses; au géographe et au marin, pour mesurer les distances et fixer la position des lieux; à l'architecte, pour construire les édifices; à l'agriculteur, pour évaluer la surface des champs, etc. Mais, indépendamment des continuelles circonstances où la connaissance des vérités géométriques est nécessaire aux hommes de tous les états, l'étude de la géométrie fait partie nécessaire d'une éducation complète, parce qu'elle rend l'esprit exact et sévère en matière de raisonnement, et le prépare puissamment à l'intelligence des plus hautes vérités.

III.

Définitions de la ligne droite, de la ligne courbe, de la surface plane, de la surface courbe, du cercle. — Maniement de la règle et du compas. — Addition et soustraction des longueurs rectilignes.

5.

Définitions de la ligne droite, de la ligne courbe, de la ligne brisée et du plan.

D'un point quelconque A, jusqu'à un autre point B, on peut tracer une infinité de lignes de différentes longueurs. La plus courte de toutes ces lignes qui est désignée (*fig.* 1) par les trois lettres ACB, se nomme une *ligne droite*.

On nomme *ligne brisée* une ligne composée de plusieurs lignes droites; ainsi la ligne ASKB (*fig.* 1), qui va du point A au point B, et qui est composée de plusieurs droites différentes AS, SK et KB, est une ligne brisée.

On nomme *ligne courbe* celle qui, ainsi que la ligne AHB, n'est ni droite ni composée de lignes droites.

On appelle *plan* ou surface plane, une surface telle, que si on prend deux de ses points à volonté, et qu'on les joigne par une ligne droite, cette ligne droite est comprise tout entière dans le plan.

On trace les lignes droites avec la *règle* et le crayon. Je ne m'arrêterai pas à décrire ce procédé si simple. Une bonne règle est un instrument délicat qui doit être confectionné avec soin, sans quoi le crayon trace des lignes plus ou moins courbes au lieu de lignes droites. Deux règles sont bien construites, lorsqu'appuyant le biseau de l'une contre le biseau de l'autre, dans les deux sens indifféremment, et les faisant glisser l'une contre l'autre, on ne voit pas de jour entre elles. Au cas contraire, une des deux règles, et souvent toutes les deux sont défectueuses.

Il y a un moyen facile de reconnaître si une règle est bien droite, sans faire usage d'une seconde règle ; car si, d'un point A (*fig.* 2) appartenant à une surface plane, jusqu'à un second point B, on trace deux fois de suite la même ligne droite AB, en plaçant la règle d'abord dans la position ACDB, ensuite dans la position APQB, les deux droites ainsi tracées doivent se recouvrir parfaitement et les deux traits n'en doivent faire qu'un, lorsque la règle est juste.

6.

Définition du cercle. Rayon, diamètre, corde et arc.

La série des points d'un plan qui sont tous à la même distance d'un point A (*fig.* 3) appartenant à ce plan, forme une courbe qu'on appelle *cercle* ou *circonférence*. Le point A, dont tous les points du cercle sont également éloignés, se nomme *centre*; les lignes égales AP, AQ, AR, qui vont du centre à la circonférence, sont des *rayons*.

On appelle *corde* toute droite HI, qui est terminée de part et d'autre à la circonférence.

On appelle *diamètre* toute droite qui, ainsi que

VK, est terminée de part et d'autre à la circonférence, et passe en même temps par le centre.

Toute portion QOP, de la circonférence, se nomme *arc*; si on considère la corde PQ qui joint les extrémités d'un arc QOP, on dit habituellement que cette corde *sous-tend* l'arc, ou que l'arc est *sous-tendu* par cette corde.

On décrit les cercles et les arcs de cercle avec l'instrument nommé *compas*, qui est trop connu généralement pour qu'il soit nécessaire de le décrire et de dire comment on en fait usage.

7.

Ajouter une ligne à une autre, et l'en retrancher.

Pour ajouter à une ligne droite AB (*fig.* 4) la longueur d'une seconde ligne droite CD, on prolonge la droite AB avec la règle, d'une quantité plus grande que CD; on ouvre le compas de façon que ses deux pointes portent sur les extrémités C et D de la ligne CD; puis, transportant au point B une des pointes du compas ainsi ouvert, on fait tourner la seconde pointe autour de la première, de manière qu'elle décrive un arc de cercle qui rencontre en O le prolongement de la ligne AB. La ligne AO ainsi déterminée est égale à la somme des deux lignes AB et CD.

Si, au contraire, on veut diminuer la longueur de AB de celle de CD, on tracera encore, du point B comme centre et avec un rayon égal à CD, un second arc de cercle qui rencontre AB au point S entre A et B, et la ligne AS sera la différence des deux lignes AB et CD.

8.

Inscrire dans un cercle une corde de longueur déterminée.

Soit proposé de tracer dans un cercle une corde de longueur déterminée ; par exemple, d'*inscrire* dans le cercle dont le centre est en A (*fig. 3*) une corde égale à la droite MN. On posera les pointes du compas sur les extrémités de la ligne MN; puis, transportant le compas ainsi ouvert de manière qu'une de ses pointes tombe en un point I de la circonférence, on fera tourner la seconde pointe autour de la première, et on décrira ainsi, du point I comme centre, un arc de cercle CD qui rencontrera la circonférence au point H; on tirera avec la règle une droite du point I au point H; cette droite, d'après la construction que nous venons d'indiquer, sera égale à MN et inscrite dans le cercle.

IV.

Indication d'un procédé pour trouver le rapport de deux droites. — Indication du cas où les deux droites sont incommensurables. — Mesures des lignes droites; Vernier.

9.

Procédé pour trouver la commune mesure de deux droites, et leur rapport.

Pour savoir combien de fois une ligne AB (*fig.* 5) est contenue dans une seconde ligne CD, il faut ouvrir les deux branches du compas d'une quantité égale à AB, puis porter cette ouverture du compas sur CD autant de fois qu'elle peut y être contenue. Par exemple, si l'ouverture du compas égale à AB peut être portée trois fois exactement sur CD, la première fois de C en S, la seconde de S en O, la troisième de O en D, on dira que le rapport des deux lignes est 3, c'est-à-dire que la plus grande contient 3 fois la plus petite.

Mais il arrivera rarement que la plus petite ligne se trouve ainsi contenue dans la plus grande un nombre exact de fois. Par exemple, en portant AB sur CD à l'aide du compas, comme nous venons de le dire, on trouvera que CD contient 2 fois AB et en outre un excédant DO moindre que AB. Alors on porte avec le compas la ligne DO sur la ligne AB autant de fois qu'elle peut y être contenue. Supposons, pour fixer les idées, que DO soit renfermée 2 fois exactement dans AB ; je conclus de là que la ligne CD, qui contient 2 fois la ligne AB, plus une fois la ligne DO, renferme en tout 5 fois la ligne DO.

Cette ligne DO, qui est contenue 2 fois dans AB et 5 fois dans CD, est ce qu'on nomme la *commune mesure* des deux lignes AB et CD ; et en général on appelle commune mesure de deux lignes droites une troisième ligne droite qui se trouve contenue un nombre exact de fois dans chacune des deux premières.

L'opération par laquelle on trouve la commune mesure de deux lignes droites ne se termine pas toujours aussi rapidement que dans l'exemple précédent ; par exemple, après avoir trouvé que la ligne AB est contenue 2 fois dans CD avec un reste DO, si ce reste, au lieu d'être contenu 2 fois exactement dans AB, n'y avait été contenu qu'une fois avec un reste BI, on aurait continué l'opération en portant le dernier reste BI sur l'avant-dernier reste DO. Supposons, pour fixer les idées, que BI soit contenu 3 fois dans DO avec un reste DH, et que ce dernier reste DH soit contenu 2 fois exactement dans l'avant-dernier reste BI ; c'est ce dernier reste DH qui sera la commune mesure des deux droites AB et CD, c'est-à-dire que DH est contenu dans AB et dans CD un nombre exact de fois que l'on peut facilement déterminer. En effet, d'après les opérations que nous venons d'effectuer, nous avons :

$$CD = 2AB + DO$$
$$AB = DO + IB$$
$$DO = 3IB + DH$$
$$IB = 2DH.$$

Or (1), puisqu'on a IB$=$2DH, la ligne DO, qui contient 3IB$+$DH, renferme 7 fois DH; la ligne AB, qui contient DO$+$IB, renferme 9 fois DH, et la ligne CD, qui contient 2AB$+$DO, renferme 25 fois DH. Ainsi DH est la commune mesure des lignes AB et CD, puisqu'elle est 9 fois dans AB et 25 fois dans CD.

En général, pour trouver la commune mesure de deux lignes droites, on effectue avec le compas des opérations analogues à celles par lesquelles on détermine en arithmétique le plus grand commun diviseur de deux nombres. On cherche combien de fois la plus petite ligne est contenue dans la plus grande; s'il n'y a pas de reste, la plus petite ligne est elle-même la commune mesure. S'il y a un reste, on cherche combien de fois il est contenu dans la plus petite ligne. Si cette opération ne donne pas lieu à un second reste, le premier reste est la commune mesure demandée; s'il y a un second reste, on cherche combien de fois il est contenu dans le premier reste, etc. On continue ainsi jusqu'à ce qu'on parvienne à un reste qui soit exactement contenu dans le précédent. C'est ce reste qui est la commune mesure; et, comme on a dû prendre note dans le cours de l'opération des divers résultats obtenus jusque là, il est facile, ainsi que nous venons de le montrer par des exemples, de calculer combien de fois cette commune mesure est contenue dans chacune des deux droites sur lesquelles on a opéré.

Quand on a trouvé la commune mesure de deux lignes droites, et quand on sait combien de fois elle

---

(1) Le signe $=$ se prononce *égal à*, et le signe $+$ se prononce *plus*.

est contenue dans chacune d'elles, on a facilement sur-le-champ le *rapport* de la plus grande à la plus petite ou de la plus petite à la plus grande. Ainsi, si la commune mesure est renfermée 7 fois dans la plus petite et 13 fois dans la plus grande, la plus petite contient 7 fois la treizième partie de la plus grande. Autrement dit : le rapport de la plus petite à la plus grande est $\frac{7}{13}$; de même, la plus grande contient 13 fois la septième partie de la plus petite, autrement dit : le rapport de la plus grande à la plus petite est $\frac{13}{7}$ ou 1 et $\frac{6}{7}$.

10.

Lignes incommensurables. Évaluation de leur rapport par approximation.

Il pourrait arriver que les deux lignes AB et CD (*fig.* 5) considérées au n° 9 n'eussent pas de commune mesure. En effet, en quelque nombre de parties égales que la ligne AB soit divisée, on conçoit qu'il se peut que CD ne contienne jamais un nombre exact de ces parties. Dans ce cas, quand on cherche la commune mesure par la méthode que nous venons d'expliquer, on n'arrive jamais à un reste qui soit exactement contenu dans le précédent. Les deux lignes AB et CD sont alors appelées *incommensurables*, et leur rapport ne peut pas être exprimé exactement par un nombre fractionnaire; mais il peut toujours être évalué avec une approximation illimitée qui équivaut à l'exactitude. En effet, si on divise CD en un nombre quelconque de parties égales, et si on porte sur AB la longueur d'une de ces parties autant de fois qu'elle peut y être contenue, il y aura un reste, puisque les deux lignes n'ont pas de commune mesure ; mais ce reste, qui sera moindre qu'une des divisions de CD, sera successivement moindre que la dixième, la centième, la millième, etc., partie de CD, suivant que CD divisé en 10, 100, 1000, etc., parties égales. Par exemple, si on divise CD en mille parties égales, et si AB contient 435 de ces divisions, le rapport de AB à CD sera 0,435, à moins d'un millième près : c'est-à-dire que AB contiendra 435 fois la millième partie de CD, mais non pas 436 fois.

11.

Commune mesure et rapport des arcs de cercle décrits avec des rayons égaux.

Le procédé que nous venons d'indiquer pour trouver le rapport et la commune mesure de deux lignes droites peut s'appliquer aux arcs de cercles décrits du même rayon. Ainsi, pour trouver la commune mesure des arcs de cercle QR et PQ (*fig.* 3), on portera le plus petit PQ sur le plus grand QR autant de fois qu'il pourra y être contenu. Cette opération s'exécute facilement à l'aide d'un compas, comme on le verra plus loin (n° 32). L'arc PQ sera lui-même la commune mesure, s'il est contenu un nombre exact de fois dans QR. Au cas contraire, il restera dans QR un arc moindre que PQ, qu'on portera sur PQ autant de fois qu'il pourra y être contenu. S'il n'y est pas contenu un nombre exact de fois, il y aura un second reste qu'on portera sur le premier, et on continuera ainsi jusqu'à ce qu'un des arcs obtenus pour restes successifs soit exactement contenu dans le précédent ; ce dernier reste sera la commune mesure des deux arcs. En revenant sur les opérations effectuées, on trouvera, comme au n° 9, combien de fois cette commune mesure est comprise dans les deux arcs, et on aura leur rapport.

Si les deux arcs sont *incommensurables*, on évaluera leur rapport par approximation, ainsi que cela se fait pour les droites incommensurables.

12.

Du mètre et de ses subdivisions.

Mesurer une ligne droite, c'est déterminer son rapport avec une autre ligne fixe et invariable, qu'on appelle une unité de mesure. L'unité légale de mesure pour les longueurs est le *mètre ;* ainsi, mesurer une ligne, c'est chercher combien elle contient de mètres et de fractions de mètre.

Les fractions du mètre qui servent à mesurer des lignes moindres que le mètre sont le *décimètre*, dixième partie du mètre ; le *centimètre*, centième partie du mètre ; le *millimètre*, millième partie du mètre, etc.

Au contraire, pour évaluer des lignes considérables par rapport au mètre, on emploie les multiples décimaux du mètre, savoir : le *décamètre* qui vaut 10 mètres, l'*hectomètre* qui en vaut 100 ; le *kilomètre*, le *myriamètre*, etc., qui en valent 1000 et 10000, etc.

La longueur d'une ligne peut toujours être représentée par un nombre décimal qui indique combien elle renferme de mètres et de subdivisions décimales du mètre. Ainsi le nombre $0^m,394$, désigne une ligne qui contient 3 décimètres 9 centimètres et 4 millimètres, ou en tout 394 millimètres. Le nombre $33^m,62$ représente une ligne de 33 mètres 62 centimètres.

13.

De la toise et de ses subdivisions.

Le mètre et ses subdivisions décimales ne sont pas exclusivement employés pour mesurer les longueurs. On emploie aussi la toise qui se partage en 6 pieds, le pied en 12 pouces, et le pouce en 12 lignes. Ces mesures étaient depuis longtemps en usage avant que le mètre eût été adopté pour mesure légale des longueurs; mais elles n'offrent pas comme les mesures métriques cet avantage, précieux pour le calcul, que les longueurs des lignes soient représentées par des nombres décimaux.

D'ailleurs la longueur de la toise, ne se rattachant à aucune base fixe, variait suivant les lieux et les époques, et de là des erreurs et des fraudes fréquentes dans l'emploi de cette mesure et de ses subdivisions; au lieu que la longueur du mètre a été conclue des grands travaux par lesquels le contour de la terre a été déterminé; car la distance du pôle à l'équateur, qui est le quart de ce contour, contient dix millions de mètres.

Cette même distance évaluée en toises de Paris contient 5130740 toises. Le mètre équivaut donc à la dix-millionième partie de 5130740 toises, c'est-à-dire à $3^{pieds} 0^{pouce} 11^{lignes}, 296$.

14.

Exemples pour la conversion des nouvelles mesures de longueur en anciennes, et des anciennes en nouvelles.

Chaque jour, à mesure que l'instruction se répand dans les différentes classes de la société, les avantages du système métrique et les inconvénients des anciennes mesures de longueur sont plus généralement sentis ; mais comme les deux systèmes de mesure sont encore fréquemment employés de concurrence, on a souvent besoin, après avoir évalué la longueur d'une ligne en mesures anciennes, de l'exprimer dans le nouveau système ; et réciproquement de traduire dans l'ancien système une longueur évaluée en mesures nouvelles.

Par exemple, on demande combien $6^{\text{mètres}}$, 3 valent de toises, pieds, pouces et lignes.

Il est nécessaire, pour résoudre cette question et toutes celles du même genre, de se rappeler que le mètre équivaut à $3^{\text{pieds}}\ 0^{\text{pouce}}\ 11^{\text{lignes}}$, 296, ou à 443^{lignes}, 296. Donc il faut multiplier 443^{lignes}, 296 par 6^{m}, 3 pour avoir en lignes la valeur de 6^{m}, 3. Le produit est 2792^{lignes}, 7648, et on trouvera facilement que ce nombre de lignes équivaut à $3^{\text{toises}}\ 1^{\text{pied}}\ 4^{\text{pouces}}\ 8^{\text{lignes}}$, 7648.

En général, pour convertir en toises, pieds, pouces et lignes un nombre quelconque de mètres et parties décimales du mètre, on multipliera 443^{lignes}, 296 par ce nombre, et on extraira les toises, les pieds, les pouces et les lignes du nombre de lignes ainsi obtenu.

Réciproquement, on demande combien une longueur de 7^{pieds} 9^{pouces} 3^{lignes} contient de mètres et de parties du mètre?

Pour le savoir, je convertis 7^{pieds} 9^{pouces} 3^{lignes} en lignes, je trouve 1119 lignes. D'ailleurs le mètre vaut 443^{lignes},296, je divise donc 1119 par 443,296 et je trouve que 7^{pieds} 9^{pouces} 3^{lignes} valent 2^m,52 à moins d'un centimètre près.

En général, pour évaluer en mètres une longueur déjà évaluée en toises, pieds, pouces et lignes, on exprimera cette longueur en lignes et on divisera ce nombre de lignes par 443,296.

15.

Usage du Vernier.

On a fréquemment besoin, dans les sciences et dans les arts, de mesurer avec une grande précision des lignes fort petites. Par exemple, la ligne mn (*fig.* 6) contenant un certain nombre de divisions mp, pa, ab, etc., égales entre elles, et de plus un excédant no plus petit que mp, il s'agira d'apprécier la longueur de cet excédant. Supposons, pour fixer les idées, que les divisions égales mp, pa, ab, bc, etc., sont des millimètres, et que l'on veuille mesurer no à moins d'un dixième près, c'est-à-dire savoir combien de fois no contient la dixième partie d'un millimètre. Le moyen naturel qui consisterait à diviser pm, ou le millimètre, en 10 parties égales et à chercher combien de fois la dixième partie de pm pourra être portée sur no, n'est plus praticable, à cause de la petitesse des lignes. Pour évaluer no malgré sa petitesse, on se sert d'une petite règle *kh*, dont la longueur contient exactement *neuf* divisions égales à *mp*, mais qui est divisée en *dix* parties égales aux points 0, 1, 2... 10. Cette règle s'appelle un *Vernier*. Concevons qu'on l'ait d'abord placée contre *mn*, de manière que l'extrémité *h* coïncide avec l'extrémité *o* de la ligne *no*, et que par conséquent l'extrémité *k* coïncide en même temps avec l'extrémité *a* de la division *ab*, la neuvième de *mo* à partir du point *o*. Puisque les 10 divisions dont se compose le vernier *kh* équivalent à 9 fois la division *pm*, une seule division du vernier est les $\frac{9}{10}$ de *pm*, et est moindre que *pm* d'une quantité égale au dixième de *pm*. Cela posé on fait glisser le vernier contre la droite *mn* jusqu'à ce que le numéro 1 du vernier coïncide avec le point de division *b* de *mn*. Comme le point *o* du vernier coïncidait d'abord avec le point *a* de *mn*, il est sûr que chaque point de division du vernier s'est élevé, en glissant contre *mn*, d'une quantité égale au dixième de *pm*, et alors si le numéro 10 de division du vernier coïncide maintenant avec le point *n*, la longueur *no* que l'on veut évaluer contient une fois le dixième de *pm*. Au cas contraire, on continue à faire glisser le vernier jusqu'à ce que son numéro 2 de division coïncide avec le point *c* qui suit immédiatement le point *b*; et si maintenant le point 10 de division du vernier coïncide avec le point *n*, la ligne *no* contient 2 fois le dixième de *pm*. Généralement, si un numéro de division du vernier coïncide avec un point de division de *mn* au moment où le point 10 de division du vernier coïncide avec le point *n*, ce numéro indique combien de fois *no* contient la dixième partie de *pm*.

L'extrémité 10 du vernier pourrait n'avoir pas

atteint le point *n*, quand un de ses numéros coïncidera avec un point de division de *mn*, par exemple quand le n° 3 du vernier coïncidera avec le point *d* de *mn*, et avoir dépassé le point *n*, quand le numéro suivant du vernier coïncidera avec le point suivant de division de *mn*, c'est-à-dire le numéro 4 avec le point *e*. On en conclurait que la ligne *no* contient 3 fois le dixième de *pm* et un excédant moindre qu'un dixième de *pm*. On aurait donc la mesure de *no* à moins d'un dixième près.

Pour mesurer *no* avec une plus grande approximation, il faudrait partager le vernier en un nombre de parties supérieur à 10. Par exemple, pour évaluer *no* à moins de $\frac{1}{50}$ de millimètre près, on partagerait le vernier en 30 parties égales, et sa longueur devrait comprendre 29 des divisions de *om*, afin que l'excédant de chaque division du vernier, sur chaque division de *on*, fût $\frac{1}{30}$ de *pm*.

GÉOMÉTRIE PLANE.

V.

Définition des angles en général. — Angles droits, aigus et obtus. — Perpendiculaires et obliques. — Angles et arcs complémentaires et supplémentaires. — Mesure des angles ; division de la circonférence en degrés et en grades. — Faire un angle égal à un autre. — Usage de l'équerre, du rapporteur et du graphomètre.

16.

Définition des angles. — Angles égaux.

Quand deux droites AB et AC (*fig.* 7) se rencontrent en un point A, elles interceptent sur le plan qui les renferme un espace terminé à chacune d'elles et à leur point de rencontre A ; mais illimité en ce sens, que les deux droites AB, AC, peuvent être prolongées indéfiniment, et prendre des longueurs quelconques AZ, AY.

L'espace indéfini compris ainsi entre deux droites qui se coupent, se nomme *angle* ; les deux droites AB et AC, qui forment l'angle par leur intersection mutuelle, sont les *côtés* de l'angle, et leur point de rencontre A est dit le *sommet* de l'angle.

Pour désigner un angle, on écrit la lettre qui

désigne le sommet au milieu de deux autres lettres servant à désigner un point pris sur chacun des côtés de cet angle. Ainsi on écrira que les deux droites, AB, AC, forment entre elles l'angle BAC. Quelquefois on se contente de désigner un angle par la lettre du sommet.

Deux angles BAC, KDH (*fig.* 7), sont dits égaux, si, transportant la figure KDH sur la figure BAC, de façon que le sommet D tombe sur le sommet A, et le point H quelque part sur AC, on trouve alors que le côté DK se place naturellement sur le côté AB, et que, par conséquent, le point K tombe quelque part sur AB.

L'angle KDH sera dit plus grand ou plus petit que BAC, suivant que le côté DK se placera sur une ligne AI extérieure à l'angle BAC, ou sur une ligne AS intérieure au même angle.

17.

Perpendiculaire. Angles droits, aigus et obtus.

Quand une ligne OS (*fig.* 8) rencontre une autre ligne KH, en un point O, de manière que les angles HOS et KOS soient égaux entre eux, on dit que la ligne OS est *perpendiculaire* sur KH, et les angles égaux KOS et HOS sont appelés angles *droits*.

Toute ligne OH (*fig.* 9) qui rencontre au point O la ligne KR, et qui est différente de la ligne OV perpendiculaire sur KR, est appelée une *oblique*. On appelle angle *obtus* l'angle KOH, plus grand que l'angle droit KOV, et angle *aigu* l'angle HOR, plus petit qu'un angle droit.

18.

Tous les angles droits sont égaux.

La droite SO (*fig.* 8) étant perpendiculaire sur KH, et la droite MN étant aussi perpendiculaire sur la droite VI, nous regarderons comme évident, que : les deux angles égaux SOK et SOH ne peuvent pas différer en grandeur des deux angles égaux MNV et MNI ; ou, en autres termes, que tous les angles droits sont égaux entre eux.

19.

Angles et arcs complémentaires et supplémentaires.

Deux angles sont dits *compléments* l'un de l'autre quand leur somme est égale à un angle droit.

Ainsi la ligne VO (*fig.* 9) étant perpendiculaire sur KR, et l'oblique OH partageant l'angle droit VOR en deux angles HOV et HOR, dont la somme est égale à un angle droit, on dit que VOH est le complément de HOR, et que réciproquement HOR est le complément de VOH.

Deux angles sont dits *suppléments* l'un de l'autre, quand leur somme est égale à deux angles droits. Ainsi, la somme des deux angles HOR et HOK (*fig.* 9) étant égale à la somme des deux angles droits VOR et VOK, on dit : que l'angle HOR est le *supplément* de KOH, et réciproquement que KOH est le supplément de HOR.

20.

Quand la somme de deux angles adjacents est égale à deux droits, les côtés extérieurs de ces deux angles sont en ligne droite.

On appelle *adjacents* deux angles qui ont un sommet commun et un côté commun, comme les angles BAC et CAD (*fig.* 10); et on nomme côtés extérieurs des angles adjacents, les côtés AB et AD.

Or, si la somme des deux angles adjacents BAC et CAD est égale à deux angles droits, je dis que les côtés extérieurs AB et AD seront en ligne droite, autrement dit : que la ligne AD sera le prolongement de AB. Car si le véritable prolongement de la ligne AB était une ligne AS, autre que AD, l'angle CAS serait le supplément de BAC (*voy.* n° 19), et, comme par supposition, l'angle CAD est aussi le supplément de BAC, il faudrait que l'angle CAD fût égal à CAS, ce qui est absurde, car la partie ne peut pas être égale au tout.

21.

Les angles opposés par le sommet sont égaux entre eux.

Si on prolonge de l'autre côté du sommet les côtés OS et OK (*fig.* 11) de l'angle SOK, l'angle VOI formé par ces prolongements sera égal à l'angle SOK. En effet, la ligne SI étant droite, l'angle VOI est le supplément de VOS (*voy.* n° 19);

et la ligne VK étant droite, l'angle SOK est aussi le supplément de VOS; et puisque l'on a toujours une somme égale à deux droits, quand on ajoute au même angle VOS un quelconque des angles VOI et KOS, ces deux angles sont égaux entre eux.

Réciproquement: si deux droites OS et OI (*fig.* 12) sont menées de part et d'autre de la droite VK, par un point O pris sur cette droite, de manière que les angles opposés SOK et VOI soient égaux entre eux, je dis que chacune de ces deux droites sera le prolongement de l'autre. Car, supposons que le véritable prolongement de OI soit une ligne OH différente de OS, l'angle HOK serait égal à VOI, comme opposé par le sommet; mais par supposition l'angle SOK est aussi égal à VOI : on aurait donc l'angle HOK = SOK, ou la partie égale au tout, ce qui est absurde.

22.

Deux angles sont égaux quand les arcs de cercle décrits de leurs sommets comme centres avec le même rayon, et interceptés entre leurs côtés, sont égaux.

Il est d'abord évident que, si deux cercles ont le même centre et le même rayon, aucun point de la circonférence de l'un ne saurait être situé hors de la circonférence de l'autre.

Supposons donc que l'arc CB (*fig.* 13), qui a été décrit du sommet de l'angle A comme centre, et qui est intercepté entre ses côtés, soit égal à l'arc EF pareillement décrit du sommet de l'angle D, avec un rayon DE égal à AB; je dis que les angles A et D sont égaux entre eux. Car, si on transporte la figure FDE sur la figure CAB, de manière que le sommet D tombe sur le sommet A, et le rayon DE sur son égal AB; d'après l'observation faite au commencement de cet article, l'arc EF recouvrira complètement son égal CB, et le point F tombera sur le point C. Donc le second côté DF de l'angle FDE tombera sur le second côté CA de l'angle CAB; donc l'angle D est égal à l'angle A.

23.

Le rapport de deux angles est égal au rapport des deux arcs décrits de leurs sommets comme centres avec des rayons égaux, et interceptés entre leurs côtés.

Si les arcs KM et PQ (*fig.* 14), interceptés entre les côtés des deux angles BAC et DHF, ont été décrits des sommets de ces deux angles comme centres avec des rayons égaux AM et HQ, je dis que le rapport de KM à PQ est le même que celui de l'angle BAC à l'angle DHF.

En effet, considérons d'abord le cas où ces arcs auraient une commune mesure (*voy.* n° 11), et supposons, pour fixer les idées, que cette commune mesure soit comprise 7 fois dans KM et 9 fois dans PQ, de sorte que ces deux arcs soient entre eux comme 7 est à 9: on pourra mener du point A aux points de division de KM des rayons qui partageront l'angle A en 7 angles KAI, IAO, etc., et ces angles seront égaux entre eux (*voy.* n° 22); de même, on pourra mener du point H aux points de division de PQ, des rayons qui partageront l'angle H en 9 angles, égaux non-seulement entre eux, mais aussi avec les 7 angles dont se compose l'angle A ; donc les angles A et H seront aussi entre eux comme 7 est à 9.

Le second cas à considérer est celui où les deux arcs KM et PQ n'auraient pas de commune mesure (n°s 10 et 11). Dans ce cas, concevons que l'arc PQ ait été partagé en un grand nombre de parties égales, par exemple en 1000 parties, et que l'on ait porté une de ces 1000 parties sur l'arc KM, autant de fois qu'elle peut y être renfermée : cette partie de PQ ne sera pas contenue dans RM un nombre exact de fois, puisque, par hypothèse, les arcs PQ et KM n'ont pas de commune mesure. Je suppose qu'elle y sera contenue 437 fois, avec un excédant Mi, moindre que chaque division de KM : donc le rapport de KM à PQ sera compris entre les nombres 0,437 et 0,438. D'un autre côté, si des centres H et A, on tire des rayons aux extrémités des 1000 divisions de PQ et des 437 divisions de KM, on partagera ainsi l'angle H en mille angles égaux, et l'angle A contiendra 437 de ces angles, plus un excédant angulaire MAi, plus petit qu'un de ces angles. Donc le rapport de l'angle A à l'angle H est compris entre le nombre 0,437 et 0,438. Puisque le rapport de l'angle A à l'angle H, et celui de l'arc KM à l'arc PQ, sont l'un et l'autre compris entre les deux nombres 0,437 et 0,438, qui diffèrent entre eux d'un millième, on doit en conclure déjà que la différence entre ces deux rapports est moindre qu'un millième. Mais on aurait pu partager PQ en plus de 1000 parties égales, par exemple en 10000, en 100000, en 1000000, etc., de parties égales, etc.; et, par un raisonnement semblable au précédent, on reconnaîtrait que, si le rapport de l'arc PQ à l'arc KM, et celui de l'angle H à l'angle A, différaient entre eux, leur différence serait moindre qu'un dix-millième, un cent-millième, un millionième, etc. Ces deux rapports sont donc égaux, car, en général, deux nombres sont égaux quand leur différence est plus petite que toute fraction donnée, quelque petite qu'elle soit.

24.

Du rapporteur.

L'instrument qu'on nomme rapporteur sert à évaluer l'arc de cercle décrit du sommet d'un angle comme centre et intercepté entre ses côtés. C'est un demi-cercle en cuivre (*fig.* 15), ou en corne transparente, dont le contour est divisé en 180 parties égales, qu'on appelle des *degrés*; de sorte que le cercle entier contient 360 degrés, et que le quart de cercle ou *cadran* en contient 90. Chaque degré se partage en 60 parties égales qu'on appelle *minutes*, et chaque minute en 60 parties qu'on appelle *secondes*.

On désigne les degrés, minutes et secondes, par les signes °, ′, ″. Ainsi, au lieu d'écrire 26 degrés, 44 minutes, 37 secondes, on écrit 26° 44′ 37″.

Les 60 minutes dont se compose le degré, et, à plus forte raison, les 60 secondes dont se compose la minute, ne sont pas tracées sur le contour du rapporteur, à cause de leur petitesse. Dans les opérations qui exigent beaucoup de précision, on remédie à cette imperfection de l'instrument par des procédés que nous n'expliquerons pas ici.

Pour évaluer la grandeur d'un angle BAC (*fig.* 15) tracé sur le papier, on place le rapporteur de manière que son centre tombe sur le sommet A de l'angle, et que le point *o*, origine des subdivisions du rapporteur, tombe sur le côté AC ; alors le second côté AB de l'angle rencontre le contour du rapporteur en un point *h*, et on regarde combien l'arc *oh* du rapporteur contient de degrés, minutes et secondes.

Cette opération, répétée pour plusieurs angles, donne pour chacun d'eux, en degrés, minutes et secondes, un arc auquel la grandeur de cet angle est proportionnelle (*voy.* n° 23). Cet arc est la mesure de l'angle; ainsi, quand on dit que la mesure d'un angle est de 33° 6′ 9″, cela signifie que les deux côtés de l'angle intercepteraient, sur le contour du rapporteur, un arc de 33° 6′ 9″, si l'angle était placé sur le rapporteur, de façon que le sommet de l'un coïncidât avec le centre de l'autre.

25.

Divisions sexagésimale et centésimale.

On nomme *division sexagésimale*, celle d'après laquelle on partage le cercle entier en 360°, le degré en 60′, et la minute en 60″.

On emploie aussi la division dite *centésimale*, d'après laquelle on divise le demi-cercle en 200 parties égales, appelées *grades*, de sorte qu'il y a 400 grades dans le cercle entier, et 100 grades dans le cadran. Dans cette division, le grade se partage en 100 minutes, et la minute en 100 secondes; ainsi on peut toujours représenter par un nombre décimal la grandeur d'un angle quelconque. Par exemple, l'arc de 33 grades 6 minutes 67 secondes, peut s'exprimer par le nombre décimal 33 gr., 0667; puisque 6 minutes équivalent à 6 centièmes de grade, et 67 secondes à 67 centièmes de minutes, ou à 67 dix-millièmes de grade.

Supposons qu'on ait trouvé pour la mesure d'un angle, dans la division sexagésimale, un arc de 41° 6′ 39″, et que l'on veuille évaluer cette mesure dans la division centésimale, c'est-à-dire que l'on demande combien 41° 6′ 39″ de la division sexagésimale valent de grades, minutes et secondes.

Je remarque d'abord que le degré sexagésimal équivaut aux $\frac{10}{9}$ du grade ou degré centésimal, puisqu'il y a dans un cadran 90 degrés sexagésimaux et 100 degrés centésimaux; je convertis 41° 6′ 39″ en minutes sexagésimales, et, comme le degré sexagésimal vaut 60′ et la minute 60″, je trouve que les 41° 6′ 39″ équivalent à 147999 minutes sexagésimales. D'ailleurs, comme on peut le vérifier facilement, il y a 3600 minutes sexagésimales dans un degré sexagésimal; donc 41° 6′ 39″ sexagésimales équivalent à $\frac{147999}{3600}$ de degré sexagésimal. Mais, puisque le degré sexagésimal est les $\frac{10}{9}$ du degré centésimal, je multiplie $\frac{10}{9}$ par $\frac{147999}{3600}$, ce qui me donne $\frac{49333}{1080}$; et je trouve ainsi que 41° 6′ 39″ sexagésimales équivalent à $\frac{49333}{1080}$ de grade, ou à 45gr,6787.

En général, pour traduire dans la division centésimale un arc de cercle déjà évalué dans la division sexagésimale, on convertit l'arc donné en secondes, on divise ce nombre de secondes par 3600, et on multiplie par $\frac{10}{9}$; on a ainsi une fraction de degré centésimal que l'on réduit en décimales.

Supposons réciproquement qu'on ait évalué la mesure d'un angle dans la division centésimale, et qu'on veuille l'exprimer dans la division sexagésimale. Par exemple : on demande combien un arc dont la grandeur est exprimée par le nombre décimal 11^{gr}, 4794 contient de degrés, de minutes et de secondes sexagésimales. Je remarque d'abord que le degré centésimal est les $\frac{9}{10}$ du degré sexagésimal ; et si je multiplie $\frac{9}{10}$ par 11,4794, ce qui me donne 10,33146, ce produit exprimera le nombre de degrés sexagésimaux contenus dans l'arc donné. Je mets à part les 10 degrés sexagésimaux, et je multiplie par 60 la partie décimale 0,33146, parce que le degré sexagésimal vaut 60 minutes ; je trouve 19,8876. Je mets à part les 19 minutes sexagésimales, et je multiplie par 60 la partie décimale 0,8876, parce que la minute sexagésimale vaut 60 secondes. Je trouve 53,256. Donc l'arc donné de 11^{gr}, 4794 équivaut à 10° 19′ 53″, 256 de la division sexagésimale.

En général, pour évaluer dans la division sexagésimale un angle déjà évalué dans la division centésimale, on multiplie le nombre décimal donné par $\frac{9}{10}$; la partie entière du produit exprime les degrés sexagésimaux ; en multipliant la partie décimale par 60, on obtient un nombre décimal de minutes, dont la partie décimale, multipliée à son tour par 60 donne le nombre des secondes.

26.

Graphomètre.

A l'aide du rapporteur on mesure aisément les

angles tracés sur le papier ; mais, quand il s'agit d'opérer en grand et de connaître l'angle que font entre elles deux droites menées, d'un point donné, à deux points de l'espace plus ou moins éloignés, alors les modifications qui rendent le rapporteur propre à ce nouvel usage en font un nouvel instrument auquel on a donné le nom de graphomètre.

La pièce principale du graphomètre est un demi-cercle en cuivre MON (*fig.* 16), divisé, comme le rapporteur, en 180°, mais construit dans de plus grandes dimensions.

Pour connaître l'angle que forment entre elles deux droites menées d'un point C à deux points éloignés P et Q, on dispose le plan de ce cercle divisé, de manière que le prolongement du diamètre MN passe par le point Q ; à cet effet, les extrémités M et N de ce diamètre sont garnies de deux plaques fendues, dont les deux fentes sont traversées à angle droit par des fils très-fins ; et lorsque, plaçant l'œil au point M, on aperçoit le point Q derrière le point N, on est sûr que le point Q se trouve dans le prolongement du diamètre MN. On appelle *alidade* un second diamètre RS, qui peut tourner autour du centre C, et qui est garni à ses deux extrémités, comme le diamètre MN, de deux plaques fendues, à l'aide desquelles on peut amener l'alidade dans une position telle, que le diamètre RS prolongé passe par le point P ; alors on connaît l'angle cherché PCQ, par la longueur de l'arc SN, compris sur le cercle divisé, entre les rayons CS et CN.

Afin qu'il soit plus facile d'amener le cercle divisé à une position telle, que les prolongemens des diamètres RS et MN passent par les points P et Q, le diamètre MN est supporté à son milieu (*fig.* 17) par une tige perpendiculaire qui se termime par une boule *a;* on serre cette boule à l'aide d'une vis, entre les parois de la pièce creuse *ac*, aussitôt que le plan du cercle divisé a été amené dans la position convenable. L'appareil entier est soutenu par trois pieds *op*, *ol*, *oh*.

27.

De l'équerre et de la fausse équerre. Faire un angle égal à un angle donné.

L'équerre sert à tracer des angles droits; c'est une planchette de bois ABC (*fig.* 18) dont les deux côtés AB et BC se coupent à angle droit. On trace des angles droits sur le papier en faisant glisser le crayon le long des deux côtés qui forment l'angle droit de l'équerre. Si on veut mener une perpendiculaire à une droite tracée sur le papier, on pose l'équerre de manière qu'un de ses deux côtés coïncide avec cette ligne droite, et on fait glisser le crayon contre le second côté.

Pour reconnaître si les deux côtés de l'équerre sont bien perpendiculaires entre eux, on trace avec l'équerre un angle droit PQR (*fig.* 19), et on prolonge un des côtés, par exemple QR, de manière à former un second angle PQS adjacent au premier. Comme ce second angle doit être un angle droit, si l'équerre est exacte, il faut qu'elle puisse entrer dans l'angle PQS de façon que ses deux côtés coïncident parfaitement avec les droites PQ et QS.

La fausse équerre se compose de deux règles AB et AC (*fig.* 20), qui peuvent tourner à charnière, de façon que l'angle BAC qu'elles forment entre elles puisse prendre toutes les grandeurs possibles.

Pour tracer sur le papier un angle qui soit égal à un angle donné MON (*fig.* 21) on ouvre les deux branches de la fausse équerre de façon que ses côtés intérieurs AB et AC (*fig.* 20) coïncident avec les côtés OM et ON de l'angle MON; puis, posant l'équerre sur le papier, on fait glisser le crayon le long de ses côtés intérieurs.

S'il s'agit de mener, par le point H (*fig.* 22) de la ligne droite RK, une droite qui fasse avec RH un angle égal à l'angle donné MON (*fig.* 21), on ouvre d'abord l'équerre de façon que l'angle intérieur BAC (*fig.* 20) soit égal à MON; puis, ayant placé l'équerre de façon que le point A tombe sur le point H, et le côté AB dans la direction HR, on trace la droite demandée le long du second côté AC.

On voit facilement comment on peut reconnaître, à l'aide de l'équerre, si deux angles sont égaux.

La règle et le compas peuvent remplacer l'équerre et la fausse équerre, pour tracer des perpendiculaires, et faire des angles égaux à un angle donné; mais, avant de faire connaître les règles que la géométrie fournit à cet égard, nous allons d'abord établir sur les perpendiculaires et sur le cercle quelques propositions élémentaires.

VI.

Propriétés des perpendiculaires et des obliques. — Intersection de la ligne droite avec le cercle. — Propriétés des cordes, des sécantes et des tangentes. — Élever et abaisser une perpendiculaire au moyen de la règle et du compas. — Partager une droite, un arc de cercle ou un angle en deux parties égales.

28.

Par un point donné, on ne peut abaisser qu'une seule perpendiculaire sur une droite déterminée de position. La perpendiculaire est plus courte que toute oblique.

Supposons que la droite AB (*fig.* 23) ait été menée par le point A perpendiculairement sur PQ, je dis qu'on ne peut pas mener, par le même point, une seconde ligne AS qui soit aussi perpendiculaire sur PQ. En effet, je fais tourner la figure SAB, autour de BS comme charnière jusqu'à ce que le point A rencontre en C la partie inférieure du plan de la figure. Comme l'angle ABS est droit, l'angle CBS, qui lui est égal, est droit aussi. Donc AC est le prolongement de BA (*voy.* n° 20), et la ligne ABC est une ligne droite. Or, si la ligne AS était aussi perpendiculaire sur PQ, on en conclurait de même que la ligne ASC est une ligne droite. Donc il y aurait deux droites différentes menées du point A au point C, ce qui est impossible. Donc, la ligne AB étant perpendiculaire sur PQ, la ligne

AS, différente de AB, ne peut pas être une seconde perpendiculaire menée par le point A.

Cette ligne AS, différente de la perpendiculaire AB, se nomme une oblique. L'oblique AS est plus longue que la perpendiculaire AB, car, si on fait encore tourner la figure ASB autour de BS, jusqu'à ce que le point A rencontre en C la partie inférieure du plan de cette figure, la ligne ABC sera une ligne droite, comme nous venons de le voir, et la ligne ASC une ligne brisée. Or, la ligne brisée ASC est plus longue que la ligne droite ABC; donc AS, moitié de la ligne brisée, est plus longue que AB, moitié de la ligne droite.

29.

Les obliques qui s'écartent également du pied de la perpendiculaire sont égales, et font avec elle des angles égaux. De deux obliques qui s'écartent inégalement du pied de la perpendiculaire, la plus longue est celle qui s'en écarte le plus.

La droite AB (*fig. 24*) étant perpendiculaire sur PQ, je prends, à partir du pied de la perpendiculaire, des longueurs égales BS et BK, je tire les obliques AS et AK, et je dis qu'elles sont égales. En effet, si je fais tourner la figure ABK autour de AB comme charnière, la droite BK tombera sur la direction BS, parce que les deux angles ABK et ABS sont égaux comme droits, et le point K tombera sur le point S parce que BK = BS. Donc la droite AK, qui recouvrira exactement la droite AS, lui est égale, et de plus l'angle BAK = BAS.

Au contraire, si, à partir du pied B (*fig.* 25) de la perpendiculaire AB, je prends des longueurs inégales BS et BI, et si je tire les obliques AS et AI, l'oblique AI, qui s'écarte le plus du pied de la perpendiculaire, sera plus longue que l'oblique AS. En effet, faisons tourner la figure autour de BI comme charnière, jusqu'à ce que le point A rencontre en C la partie inférieure du plan de la figure ; la ligne enveloppée ASC sera plus courte que la ligne enveloppante AIC ; donc AS, moitié de la ligne enveloppée, sera plus courte que AI, moitié de la ligne enveloppante.

Dans le cas où la ligne BS (*fig.* 26) ne serait pas située du même côté que BI, on prendrait BH = BS ; on prouverait, comme ci-dessus, que la ligne AH est plus courte que la ligne AI ; mais AH = AS, parce que ces deux obliques sont également éloignées du pied de la perpendiculaire AB ; donc AS est plus courte que AI.

Corollaire I (*). Par un point situé hors d'une ligne droite, on ne peut pas mener plus de deux obliques égales ; car, si on pouvait en mener plus de deux, il y aurait au moins deux de ces lignes qui seraient situées d'un même côté par rapport à la perpendiculaire qu'on peut abaisser du point sur la ligne, et qui par conséquent ne pourraient être égales sans se confondre.

Corollaire II. Deux obliques qui sont égales s'écartent également du pied de la perpendiculaire ; car, si ces deux obliques ne s'écartaient pas également du pied de la perpendiculaire, elles ne pourraient pas être égales.

(*) On nomme corollaire une proposition qui est la conséquence immédiate d'une proposition que l'on vient de démontrer.

30.

Tout point de la perpendiculaire élevée sur une ligne droite par son milieu, est également éloigné des deux extrémités de cette droite; et tout point situé hors de cette perpendiculaire est inégalement éloigné de ces extrémités.

Soit O (*fig.* 28) le milieu de AB, et soit MN une perpendiculaire à AB menée par le point O. Si on prend un point quelconque S sur MN, et si on tire les lignes SA et SB, ces deux lignes sont égales, comme obliques s'écartant également du pied de la perpendiculaire (*voy.* n° 29).

Mais, si on prend un point H hors de MN, je dis que la ligne HA, qui rencontre MN au point K, est plus grande que HB; car, si je tire KB, la ligne droite BH est plus courte que la ligne brisée HK+KB; mais KB=KA, donc BH est plus courte que HK+KA ou que HA.

Corollaire. Si un point est également éloigné des deux extrémités d'une ligne droite, il appartient à la perpendiculaire que l'on peut concevoir élevée sur le milieu de cette droite; car, s'il n'appartenait pas à cette perpendiculaire, il ne pourrait pas être également éloigné des deux extrémités de la ligne droite dont il s'agit.

31.

Une droite ne peut pas couper le cercle en plus de deux points.

On nomme sécante au cercle toute ligne droite

qui pénètre dans l'intérieur du cercle. Une ligne droite ne peut pas rencontrer la circonférence en plus de deux points; car, si, par exemple, elle la rencontrait en trois points, et si on menait trois rayons du centre à ces trois points de rencontre, il y aurait trois obliques égales menées d'un point à une droite, ce qui est impossible (*voy.* 29, corollaire 1).

Nous avons déjà dit qu'on appelle corde, la partie d'une sécante renfermée entre les deux points où elle rencontre la circonférence.

32.

Dans un même cercle, ou dans deux cercles égaux, si deux arcs sont égaux, les cordes qui les sous-tendent sont égales aussi; et si deux arcs moindres qu'une demi-circonférence sont inégaux, le plus grand des deux arcs est sous-tendu par une plus grande corde.

La première partie de cette proposition est évidente, car, si l'arc CID (*fig.* 29) est égal à l'arc AOB, c'est-à-dire s'ils peuvent se superposer exactement, la corde CD, qui joint les extrémités du premier arc, coïncidera par ses extrémités avec la corde AB, qui joint les extrémités du second; donc ces deux cordes sont égales.

Pour prouver la seconde partie de la proposition énoncée, soient KH et AB (*fig.* 30) deux arcs tous deux moindres qu'une demi-circonférence, et dont le premier est plus grand que le second; je prends, à partir du point A, un arc AS égal à KH; la corde

AS sera égale à la corde KH, puisque les deux arcs sous-tendus par ces cordes sont égaux, et il faut prouver que la corde AB est plus petite que AS. Pour cela je mène les rayons CS et CB, qui se coupent au point O sur BC ; on a d'une part AB < BO + AO, et d'une autre SC < CO + OS ; donc AB + SC < BO + AO + CO + OS, ou bien : AB + SC < AS + BC ; mais SC = BC : donc on a AB < AS.

Corollaire I. Il suit de là que, si deux cordes CD et AB (*fig.* 29) sont égales, les plus petits arcs CID et AOB sous-tendus par ces cordes sont égaux ; car, si un des deux arcs était plus grand que le second, les deux cordes ne pourraient pas être égales.

Remarque. Pour savoir combien de fois un arc est renfermé dans un second arc décrit du même rayon, il ne sera pas nécessaire de transporter le plus petit arc sur le second ; on cherchera seulement, à l'aide du compas, combien de fois la corde qui sous-tend le plus petit arc peut être inscrite dans le plus grand arc. Cette remarque est particulièrement utile pour trouver la commune mesure de deux arcs.

33.

La perpendiculaire abaissée du centre sur la corde partage la corde et l'arc sous-tendu en deux parties égales.

La ligne CO (*fig.* 31) ayant été menée du centre perpendiculairement sur la corde AB, je dis que le point H, qui est le pied de cette perpendiculaire, est le milieu de AB ; car, si on mène les rayons CA et

CB, ces rayons seront deux obliques égales; or, les obliques égales sont également éloignées du pied de la perpendiculaire (*voy.* n° 29, corollaire II); donc BH = AH.

De plus je dis que le point O, où la perpendiculaire CH rencontre l'arc sous-tendu par la corde AB, est le milieu de cet arc; car, la droite CH étant perpendiculaire sur le milieu de AB, si on tire les cordes AO et BO, elles seront égales (*voy.* n° 30); mais des cordes égales sous-tendent des arcs égaux (*voy.* n° 32, corollaire I); donc le point O est le milieu de l'arc AB.

34.

La perpendiculaire à l'extrémité d'un rayon est tangente au cercle.

On nomme *tangente* au cercle une droite qui n'a qu'un seul point commun avec la circonférence. Toute droite AB (*fig.* 32), perpendiculaire à l'extrémité d'un rayon CO, est une tangente au cercle; car, si je prends sur AB un point quelconque I, différent du point C, et si je tire la ligne OI, cette ligne sera une oblique plus grande que le rayon perpendiculaire OC; donc tout point de la droite AB différent du point C est extérieur au cercle; donc AB est une tangente.

35.

Réciproquement, si une ligne est tangente au cercle, elle est perpendiculaire sur le rayon qui aboutit au point de contact.

Supposons que la droite AB (*fig.* 32) soit tangente

au cercle dont le centre est au point O, c'est-à-dire qu'elle n'ait qu'un seul point C commun avec la circonférence : je dis que le rayon OC, qui joint le centre au point C de contact, est perpendiculaire sur AB. Car, si cela n'était pas, on pourrait mener du centre une perpendiculaire sur AB ; cette perpendiculaire serait plus courte que le rayon OC, qui serait pour lors une oblique ; donc le pied de cette perpendiculaire serait situé dans l'intérieur du cercle, et la ligne AB serait une sécante, ce qui est contre la supposition.

PROBLÈMES.

Quand on aura saisi les raisonnements à l'aide desquels les propositions précédentes ont été établies, il faudra s'exercer à faire usage de ces propositions pour résoudre les questions de géométrie. Ces questions sont de deux sortes, suivant qu'il s'agit de prouver une proposition ou d'indiquer une règle pour déterminer soit une ligne, soit une surface, soit un volume qui satisfassent à des conditions déterminées. Les jeunes gens qui étudient avec zèle et intelligence se plaisent à en chercher la solution, et acquièrent ainsi l'habitude de faire usage des principes qui leur sont enseignés. Dans ce genre de travail, le succès est souvent difficile et demande une recherche active et opiniâtre. Nous donnerons ici, pour servir d'exemple, quelques-unes des solutions qui sont d'un usage fréquent ; les commençants pourront ensuite s'essayer sur les questions dont nous n'avons donné que les énoncés.

36.

Élever une perpendiculaire sur une ligne par un point donné sur cette ligne.

Pour élever une perpendiculaire à CD (*fig.* 33) par un point A donné sur cette ligne ; je place au point A la pointe d'un compas, et, faisant tourner la seconde pointe autour de ce point, je marque sur CD deux points H et K également éloignés de A. Puis des deux points H et K, comme centres, je décris successivement deux arcs de cercle d'un même rayon assez grand pour que ces deux arcs se coupent en un point S. Je tire la droite AS, qui sera la perpendiculaire demandée ; car le point S étant également éloigné des points H et K, appartient à la perpendiculaire élevée sur HK par son milieu A (n° 30, corollaire).

37.

Par un point situé hors d'une ligne droite abaisser une perpendiculaire sur cette ligne.

Par le point A (*fig.* 34) situé hors de la droite CD, on veut mener une perpendiculaire sur cette droite. Pour cela, du point A comme centre, et d'un rayon suffisamment grand, on décrit un arc de cercle qui coupe CD aux points M et N. Puis des points M et N comme centres, avec un même rayon suffisamment grand, on décrit deux arcs de cercle qui se coupent au point H, et on tire la ligne AH, qui sera la perpendiculaire demandée.

Car, d'après la construction que nous venons d'indiquer, les deux points A et H sont chacun également éloignés des deux extrémités de la ligne MN ; donc ils appartiennent à la perpendiculaire élevée sur le milieu de MN (n° 30, corollaire); Donc la droite AH, qui passe par ces deux points, est perpendiculaire sur MN.

38.

Trouver le milieu d'une ligne droite.

Pour trouver le milieu de la droite AB (*fig.* 35) des points A et B comme centres, avec un même rayon suffisamment grand, je décris deux arcs de cercle qui se coupent au point C ; j'obtiens ainsi un premier point également éloigné des points A et B. Je répète la même construction au-dessous de AB, et j'obtiens un deuxième point D, également éloigné de A et de B. Les deux points C et D appartiennent tous les deux à la perpendiculaire qui serait élevée sur AB par son milieu (n° 30, corollaire); donc CD est perpendiculaire sur le milieu de AB.

39.

Partager un angle ou un arc de cercle en deux parties égales.

Soit A (*fig.* 36) l'angle qu'on veut partager en

deux parties égales. Du point A comme centre, et d'un rayon quelconque, je décris un arc de cercle qui rencontre, aux points S et K, les deux côtés de l'angle A. Des points S et K comme centres, et d'un même rayon suffisamment grand, je décris deux arcs de cercle qui se coupent au point I, je tire la ligne AI, et je dis que cette ligne partage l'angle SAK en deux parties égales.

En effet, elle est perpendiculaire sur le milieu de SK, puisqu'elle passe par deux points A et I, qui sont tous deux également éloignés des extrémités S et K (n° 30, corollaire 1). Donc les obliques AS et AK s'écartent également du pied de la perpendiculaire AH, donc les angles HAS et HAK sont égaux (n° 29).

Pour trouver le milieu d'un arc de cercle PQR (*fig.* 36 *bis*), on décrit de ses deux extrémités comme centres, avec des rayons égaux, deux arcs de cercle qui se coupent en un point S, et deux autres arcs de cercle qui se coupent en un second point O. On tire la ligne SO, et le point M, où elle coupe l'arc PR, est le milieu de cet arc. Car la droite OS, ayant deux de ses points à égale distance des points P et R, est perpendiculaire sur le milieu de la corde qui joindrait le point P au point R (n° 30, corollaire 1); donc elle divise l'arc PR en deux parties égales (n° 33).

40.

Par un point donné sur une ligne droite, tirer une seconde droite qui fasse avec la première un angle égal à un angle donné.

Soit ABC (*fig.* 37) l'angle donné; on veut mener par le point M de la droite PQ, une seconde droite qui fasse avec la première un angle égal à ABC. Pour cela, du point B comme centre et d'un rayon quelconque BR, je décris un arc de cercle qui rencontre aux points S et R les deux côtés de l'angle donné ABC. Du point M comme centre et du même rayon, je décris un second arc de cercle qui rencontre en V la ligne PQ. Puis du point V comme centre, avec une ouverture de compas égale à la distance mutuelle des points S et R, je décris un troisième arc de cercle qui rencontre le second au point K. Je tire la droite MK, et je dis que l'angle KMV est égal à l'angle donné ABC. Car les arcs SR et KV, qui sont décrits du même rayon et sont sous-tendus par des cordes égales, sont égaux (n° 32, corollaire 1). Donc les angles ABC et KMV, qui ont pour mesure ces arcs, sont aussi égaux.

QUESTIONS A RÉSOUDRE.

1°. Deux points A et B (*fig.* 38) et une droite PQ étant donnés de position, on demande de trouver un point C sur PQ, tel que, si on tire de ce point aux deux points A et B les droites CA et CB, les angles ACP et BCQ, que ces droites feront de part et d'autre avec PQ, soient égaux entre eux.

On fera voir que, le point C étant ainsi déterminé, la somme des lignes AC et CB est moindre que si ces deux droites avaient été menées par les points A et B vers tout autre point de la droite PQ ; autrement dit, que : la somme des lignes AC et CB est *un minimum*.

2°. Trois points A, B, C, étant donnés de position sur un plan, on demande de mener une droite

PROBLÈMES. 75

par le point A dans ce plan, de telle façon que, si on abaisse sur cette droite une perpendiculaire de chacun des deux autres points B et C, ces deux perpendiculaires soient de même longueur.

3°. Deux droites et un point étant donnés de position sur un plan, on propose de mener par le point donné une droite qui fasse des angles égaux avec les deux droites données.

4. Un cercle et deux points étant donné des position sur un plan, on propose de trouver sur le cercle un point qui soit également distant des deux points donnés.

5. Un cercle et deux droit esétant donnés de position sur un plan, on propose de trouver sur le cercle un point tel, que les perpendiculaires qu'on abaissera de ce point sur les deux droites soient égales entre elles.

VII.

Théorie des parallèles. — Démonstration de Bertrand de Genève. — Propriétés du cercle coupé par deux parallèles. — Mesure des angles inscrits et circonscrits. — Divers moyens de mener des parallèles.

41.

Deux droites perpendiculaires sur une troisième sont parallèles entre elles.

On nomme *parallèles* deux droites qui, étant situées dans un même plan, ne peuvent pas se rencontrer à quelque distance qu'on les prolonge.

Les deux droites AB et CD (*fig.* 39), qui sont perpendiculaires sur la droite MN, sont parallèles. Car supposons qu'elles se rencontrent en un certain point; il y aurait deux perpendiculaires abaissées de ce point de rencontre sur la même droite MN, ce qui est impossible (n° 28).

42.

Deux droites étant l'une perpendiculaire, l'autre oblique sur une troisième, la première et la seconde, prolongées suffisamment, doivent se rencontrer.

Si la droite AB (*fig.* 40) est perpendiculaire sur PQ, toute droite CD qui fait avec PQ un angle aigu DCQ, doit rencontrer quelque part la droite AB. Pour le prouver, j'élève au point C la droite CK perpendiculaire sur PQ, puis je mène du point

THÉORIE DES PARALLÈLES. 77

C les droites CE, CF, etc., qui forment les angles consécutifs DCE, ECF, etc., égaux entre eux et égaux à l'angle KCD. En ajoutant ainsi l'angle KCD à lui-même un certain nombre de fois, on est sûr d'obtenir un angle obtus KCI, plus grand que l'angle droit KCQ. D'une autre part, si je prends, à partir du point A, des longueurs AM, MO, etc., toutes égales entre elles et égales à CA, et si j'élève sur PQ les perpendiculaires MN, OS, etc., les bandes rectangulaires KCAB, ABMN, NMOS, etc., que je forme ainsi, ne peuvent pas, quel que soit leur nombre, remplir l'espace indéfini compris entre les côtés de l'angle droit KCQ. D'ailleurs nous venons de voir qu'on peut toujours remplir cet espace en ajoutant un nombre suffisant de fois à lui-même l'espace angulaire indéfini compris entre les droites CK et CD. Donc ce dernier espace est plus grand que la bande indéfinie KCAB, et ne peut y rester renfermé, si on prolonge indéfiniment les lignes CK et CD; donc CD, suffisamment prolongée, rencontrera quelque part la ligne AB.

La démonstration précédente a le défaut de se fonder sur la considération de l'espace illimité renfermé entre les côtés des angles; aussi plusieurs auteurs de traités de géométrie se bornent-ils à demander que la proposition dont il s'agit soit admise comme suffisamment évidente.

43.

Par un point donné on ne peut mener qu'une seule parallèle à une droite déterminée de position.

Par un point donné A (*fig.* 41), on ne peut mener qu'une seule droite VH parallèle à PQ. Car supposons qu'on en puisse mener deux, savoir, VH et KO; si nous menons AS perpendiculaire sur PQ, il y aura au moins une des droites VH et KO qui ne sera pas perpendiculaire sur AS, et qui rencontrera PQ, d'après la proposition précédente.

Corollaire 1. Deux droites AH et CS (*fig.* 39) étant parallèles, si une troisième droite MN est perpendiculaire sur la première AH, elle rencontrera la seconde droite CS. Car, soit B le point où la droite MN rencontre la droite AH; si CS n'était pas rencontrée par MN, il y aurait deux droites BH et BM, menées par le même point B, parallèlement à la droite CS; ce qui est impossible.

Corollaire 1'. De plus, MN sera perpendiculaire à CS; car, dans le cas contraire, on pourrait, par le point de rencontre D de MN et de CS, élever une perpendiculaire à MN, qui serait nécessairement parallèle à AH; il y aurait donc deux parallèles à AH menées par le même point B; ce qui est impossible.

44.

Si deux droites sont coupées par une troisième, de manière que les angles alternes-internes soient égaux, ces deux droites sont parallèles.

Les droites SL et IK (*fig.* 42) étant rencontrées par la sécante CD aux points A et B, cette sécante fait de part et d'autre, avec chacune d'elles, deux angles BAL et KBA qu'on appelle *alternes-internes*.

Les deux angles SAB et ABI, suppléments des deux précédents, sont aussi alternes-internes.

Or, si deux angles alternes-internes, par exemple

les angles BAL et ABK, sont égaux entre eux, les deux droites SL et IK seront parallèles. En effet, supposons que les droites BI et AL, qui font avec la droite AB, l'une l'angle aigu ABI, l'autre l'angle obtus LAB, se rencontrent au-dessous de AB; leurs prolongements AS et BK, qui passent aussi par les extrémités de la droite AB, et font aussi avec la droite AB, l'un l'angle aigu BAS égal à ABI, l'autre l'angle obtus ABK égal à BAL, devront se rencontrer au-dessus de AB. Donc les deux droites distinctes LS et KI auraient deux points communs, l'un situé au-dessus de AB, l'autre situé au-dessous; ce qui est impossible, puisque d'un point à un autre on ne peut mener qu'une seule ligne droite; donc LS est parallèle à KI.

45.

Angles internes-externes ou correspondants. Angles alternes-externes. Deux droites sont parallèles si deux angles correspondants, ou si deux angles alternes-externes sont égaux entre eux. Angles intérieurs d'un même côté. Deux droites sont parallèles si la somme de deux angles intérieurs du même côté est égale à deux droits.

Les droites LS et KI (*fig.* 42) étant coupées par la sécante CD aux points A et B, on nomme *alternes-externes* deux angles tels que CAS et DBI, qui sont formés par ces deux droites, de part et d'autre de la sécante, et en dehors de l'espace que les deux droites renferment entre elles. Les angles CAL et DBK sont aussi des angles alternes-externes.

On nomme *internes-externes* ou *correspondants*, deux angles tels que DAL et DBI, situés d'un même côté de la sécante, et formés dans le même sens par cette sécante et les droites LS et KI. Les angles DBK et DAS sont aussi des angles correspondants. Il en est de même des angles LAC et IBC, et des angles CAS et CBK.

On nomme *intérieurs d'un même côté*, les deux angles LAB et ABI, formés d'un même côté de la sécante, par les deux droites LS et IK, et par la portion AB de cette sécante comprise entre les deux droites.

1. Si deux angles internes-externes ou correspondants, tels que DAL et DBI, sont égaux, les deux droites LS et KI sont parallèles; car, l'angle ABK étant égal à DBI, comme opposé par le sommet, on a l'angle DAL = ABK ; donc les deux droites LS et KI sont parallèles (n° 44).

2°. Si deux angles alternes-externes tels que CAS et DBI, sont égaux, les droites LS et KI sont parallèles; car les angles alternes-internes DAL et ABK sont égaux, comme opposés par le sommet à des angles égaux; donc LS et KI sont parallèles (n° 44).

3°. Si la somme de deux angles intérieurs du même côté, tels que BAL et ABI, est égale à deux droits, les droites LS et KI sont parallèles; car l'angle ABK, qui est le supplément de ABI, sera égal à DAL qui est aussi, par hypothèse, le supplément de ABI; donc, les angles alternes-internes étant égaux, les droites LS et KI sont parallèles (n° 44).

46.

Si deux droites parallèles sont coupées par une sécante, les angles alternes-internes sont égaux; il en est de même des angles alternes-externes et des angles correspondants; et la somme des angles intérieurs d'un même côté est égale à deux angles droits.

Deux droites, LS et KI (*fig.* 43), qui sont parallèles, étant coupées par la sécante CD, aux points A et B, les angles alternes-internes BAS et ABK sont égaux; car, s'ils ne l'étaient pas, on pourrait mener par le point B une droite BV qui fît avec AB un angle ABV égal à l'angle BAS. Cette droite serait parallèle à LS (n° 44); donc on pourrait mener par le point B deux droites BV et BK parallèles à LS, ce qui est impossible.

On prouvera d'une manière analogue que les angles alternes-externes sont égaux entre eux, ainsi que les angles internes-externes ou correspondants.

La somme des angles intérieurs d'un même côté, tels que BAS et ABI, sera égale à deux droits; car, si elle ne l'était pas, on pourrait mener une droite BH par le point B, de manière que la somme des angles BAS et ABH fût égale à deux droits; cette droite serait parallèle à AS (n° 45); donc on pourrait, par le même point B, mener deux droites BI et BH parallèles à AS, ce qui est impossible.

Quand deux droites AB et CD (*fig.* 44) sont coupées par une sécante IK de manière que la somme des deux angles AIK et DKI, intérieurs du même côté, diffère de deux angles droits; ces deux droites, prolongées suffisamment, doivent se rencontrer ; car, si elles étaient parallèles, il suit de ce qui précède, que la somme des angles AIK et DKI serait égale à deux angles droits.

47.

Deux angles qui ont leurs côtés parallèles et dirigés dans le même sens sont égaux.

Les côtés QP et QR (*fig.* 45) de l'angle PQR, étant respectivement parallèles aux côtés TS et TV de l'angle STV, et ces côtés étant dirigés dans le même sens, je dis que les angles PQR et STV sont égaux. En effet, je dis d'abord que la droite ST, suffisamment prolongée, doit rencontrer la droite QR ; car, si QR était parallèle à ST, comme la ligne QP lui est aussi parallèle, il y aurait deux parallèles QP et QR menées par le même point Q à la même ligne droite TS. Soit donc I le point de rencontre de QR et de TS. Les angles SIR et STV sont égaux comme correspondants par rapport aux parallèles TV et QR ; les angles SIR et PQR sont aussi égaux, comme correspondants, par rapport aux parallèles PQ et SI ; donc les angles PQR et STV, qui sont tous deux égaux à l'angle SIR, sont égaux entre eux.

48.

Deux droites parallèles à une troisième sont parallèles entre elles.

Si la droite AB (*fig.* 46) est parallèle à EF, et

si la droite CD est aussi parallèle à EF, les deux droites AB et CD seront parallèles l'une à l'autre ; car, si elles se rencontraient en un point quelconque, il y aurait deux parallèles menées par ce point à la droite EF, ce qui est impossible.

49.

Mener une parallèle à une droite par un point déterminé?

Soit proposé de mener par le point A (*fig.* 47) une parallèle à la droite CD. Cette parallèle est facile à tracer à l'aide de la règle et de l'équerre. On applique contre la droite CD le côté PQ de l'équerre qui est opposé à l'angle droit PHQ ; et, appuyant l'équerre sur le papier, on place la règle ROSV de manière que son côté RO coïncide avec le côté PH de l'équerre. Alors, appuyant la règle sur le papier, on fait glisser le côté PH de l'équerre le long du côté RO de la règle, jusqu'à ce qu'on ait amené le côté PQ de l'équerre dans la position *pq*, telle que ce côté recouvre le point A. Puis faisant glisser le crayon contre *pq*, on trace une droite qui passe par le point A et qui est parallèle à CD, car les angles internes-externes QPH et *qph* sont égaux entre eux (n° 45).

On peut aussi employer la règle et le compas pour mener par un point donné A (*fig.* 48) une parallèle à la droite CD. Du point A comme centre, et d'un rayon suffisamment grand, on décrit un premier arc de cercle VO, qui coupe en O la droite CD. Du point O comme centre, avec AO pour rayon, on décrit un second arc de cercle qui passe nécessairement par le point A ; et qui coupe CD au point S. Enfin du point O comme centre et d'un rayon égal à la corde AS, on décrit un troisième arc de cercle qui coupe au point I le premier arc décrit du point A comme centre; on tire la droite AI, qui sera la parallèle demandée. En effet, si on tire les cordes qui joignent le point A au point S et le point O au point I, ces cordes sont égales, d'après la construction que nous venons d'indiquer. Donc les arcs AS et OI sont égaux (n° 32, corollaire I); donc les angles SOA et OAI, dont ces arcs sont la mesure, sont aussi égaux. Mais ces angles sont alternes-internes par rapport aux lignes CD et AI et à la sécante AO; donc AI est parallèle à CD (n° 44).

50.

Deux droites qui sont parallèles interceptent sur une circonférence des arcs égaux.

Soient AB et CD (*fig.* 49) deux sécantes au cercle, parallèles entre elles; les arcs AC et DB qu'elles interceptent sur la circonférence seront égaux entre eux ; car, si je mène le rayon OM perpendiculaire sur CD au point K, ce rayon doit rencontrer la droite AB en un point S et lui être perpendiculaire (n° 43, corollaires I et II). Mais la perpendiculaire abaissée du centre sur la corde, divise l'arc sous-tendu en deux parties égales (n° 33). Donc DM = CM et AM = BM, et l'arc AC, différence des arcs CM et AM, est égal à l'arc DB différence des arcs DM et BM.

Si la ligne AB (*fig.* 50), qui est parallèle à la sécante CD, est tangente au cercle en H, les arcs CH et DH, interceptés entre la tangente et la sécante, seront égaux entre eux. En effet, si je tire le rayon OH, il est perpendiculaire à la tangente AB (n 35), et comme CD est parallèle à AB, ce rayon est aussi perpendiculaire sur CD. Donc le point H est le milieu de l'arc sous-tendu par CD (n° 33).

51.

Tout angle inscrit a pour mesure la moitié de l'arc compris entre ses côtés.

On appelle *angle inscrit* tout angle BAC (*fig.* 51) formé par deux cordes BA et CA qui se coupent en un point A de la circonférence.

L'angle inscrit BAC a pour mesure la moitié de l'arc BC. Ce qui signifie que cet angle est à un angle droit comme la moitié de l'arc BC est au quart du cercle dont cet arc fait partie; et que, si le cercle entier était divisé en degrés, minutes et secondes, on aurait la mesure de l'angle BAC, en prenant la moitié du nombre de degrés, minutes et secondes, qui serait contenu dans l'arc BC.

Considérons d'abord le cas où un côté AC (*fig* 52) de l'angle inscrit BAC serait un diamètre. Je mène le rayon OH parallèle à BA; l'angle CAB est égal à l'angle correspondant COH, et l'angle COH a pour mesure l'arc CH; donc cet arc est aussi la mesure de CAB. Or CH est la moitié de BC : car, si on prolonge le rayon OH jusqu'à ce qu'il rencontre une seconde fois la circonférence au point V, on a BH=VA, parce que les cordes AB et VH sont parallèles (n° 50) ; et AV=CH, parce que les angles VOA et COH, opposés par le sommet, sont égaux entre eux. Donc CH=BH; et CH, mesure de BAC, est la moitié de BC.

Cela posé, si le centre O du cercle (*fig.* 51 est situé dans l'intérieur de l'angle inscrit BAC, on mènera le diamètre AH. D'après ce qu'on vient de prouver, les angles BAH et CAH ont pour mesure, l'un, la moitié de BH, l'autre, la moitié de CH; donc l'angle BAC, somme des angles BAH et CAH, a pour mesure la moitié de la somme des arcs BH et CH, ou la moitié de l'arc BC.

Si le centre O du cercle (*fig.* 53) est situé hors de l'angle inscrit BAH, on mènera toujours le diamètre AC. L'angle BAC a pour mesure la moitié de l'arc BC; et l'angle HAC, la moitié de l'arc CH. Donc l'angle BAH, différence des angles BAC et HAC, a pour mesure la moitié de l'arc BH, qui est la différence des arcs BC et CH.

On nomme *segment* de cercle la partie ORS (*fig.* 54) interceptée entre une corde OS et un des deux arcs qui sont sous-tendus par la corde; et on appelle angle inscrit dans le segment, tout angle qui, ainsi que les angles OVS, ONS, OMS, a pour côtés des cordes menées d'un même point de la circonférence aux extrémités de la corde OS. Or, les angles OVS, ONS, OMS, etc., inscrits dans le même segment, sont tous égaux entre eux; car chacun d'eux a pour mesure la moitié de l'arc OIS sous-tendu par la corde OS.

Si la corde OS (*fig.* 55) est un diamètre, tout angle ORS, inscrit dans la demi-circonférence, est un angle droit; car il a pour mesure la moitié de la demi-circonférence OIS, ou le quart du cercle.

52.

Tout angle formé par une tangente et par une corde a pour mesure la moitié de l'arc intercepté entre la tangente et la corde.

L'angle obtus ABI (*fig.* 56), formé par la tangente BI et la corde AB, a pour mesure la moitié de l'arc AOB compris entre la tangente et la corde. Car, si on mène le diamètre BS, qui sera perpendiculaire à BI, l'angle aigu ABS aura pour mesure la moitié de l'arc AS ; et l'angle droit SBI aura pour mesure un quart de cercle, c'est-à-dire la moitié de SOB. Donc l'angle ABI, somme des deux angles ABS et SBI, aura pour mesure la moitié de l'arc AOB, somme des deux arcs AS et SOB.

De même l'angle aigu ABC, formé par la corde AB et le prolongement BC de la tangente, aura pour mesure la moitié de l'arc AHB, compris entre la tangente et la corde ; car l'angle droit SBC a pour mesure la moitié du demi-cercle SAB ; donc l'angle ABC, différence des angles SBC et SBA, aura pour mesure la moitié de la différence entre le demi-cercle SAB et l'arc AS, c'est-à-dire la moitié de AHB.

PROBLÈMES.

53.

Faire passer un cercle par trois points donnés.

Pour faire passer un cercle par trois points A,

B, C (*fig.* 57), je joins le point A au point B et le point B au point C, par les deux droites AB et BC, et j'élève deux perpendiculaires, l'une sur AB par le milieu S, l'autre sur BC par le milieu K. Ces deux perpendiculaires se rencontreront si les trois points A, B, C, ne sont pas en ligne droite ; car, si elles étaient parallèles, le prolongement de BS devrait rencontrer en un point I la droite menée perpendiculairement sur BC et lui être perpendiculaire (n° 43, corollaires I et II); donc il y aurait deux perpendiculaires BK et BI abaissées d'un même point B sur une seule droite KI, ce qui est impossible (n° 28). Soit donc O le point de rencontre des deux perpendiculaires, nous aurons OA = OB et OC = OB ; donc OA = OB = OC ; donc le cercle décrit du point O comme centre, avec un rayon égal à AO, passera par les trois points A, B, C. On voit de plus que par trois points donnés on ne peut faire passer qu'un seul cercle.

54.

Décrire sur une droite, donnée en longueur et en position, un segment capable d'un angle donné; c'est-à-dire, faire passer par les extrémités de cette droite un cercle tel, que tous les angles inscrits dans un des segments qui seront séparés par cette droite, soient égaux à un angle donné.

Soit AB la droite donnée (*fig.* 58). Je mène par le point B une droite BH, qui fasse avec BC, prolongement de AB, un angle HBC égal à l'angle donné (n° 40). J'élève une perpendiculaire sur AB par son milieu K, et une perpendiculaire sur BH par le point B. Ces deux perpendiculaires se rencontreront en un point I (n° 42). Du point I comme centre et d'un rayon égal à IB, je décris un cercle qui sera le cercle demandé. En effet, il est d'abord tangent à BH au point B, puisque BH est perpendiculaire à l'extrémité du rayon BI (n° 34). Il passe par le point A, puisqu'on a AI = BI (n° 30). En outre, tout angle AOB inscrit dans le segment supérieur, déterminé par la corde AB, aura pour mesure la moitié de l'arc AB (n° 51), et sera égal à l'angle ABS, qui a la même mesure comme formé par la corde AB et par la droite BS, prolongement de la tangente BH. Mais ABS = HBC, et HBC est égal, par construction, à l'angle donné ; donc tout angle inscrit AOB est égal à l'angle donné.

55.

Par un point donné hors d'un cercle, mener une tangente à ce cercle.

Par un point A (*fig.* 59), on veut mener une droite tangente au cercle dont le centre est au point B. Pour cela, sur BA, comme diamètre, on décrit un cercle qui rencontre le cercle donné en un point S, et on tire la ligne AS, qui sera la tangente demandée. En effet, si on mène le rayon BS, l'angle BSA sera droit comme inscrit dans une demi-circonférence (n° 51). Donc AS, étant perpendiculaire à l'extrémité du rayon BS, sera tangente au cercle donné (n° 34).

Le cercle décrit sur BA, comme diamètre, rencontre le cercle donné en un second point V ; on voit donc que, par le point donné, on peut mener une seconde ligne VA, tangente au cercle donné.

VIII.

Triangles; définition des diverses sortes de triangles considérés soit par rapport à leurs côtés, soit par rapport à leurs angles. — Démontrer que la somme des angles de tout triangle est égale à deux droits. — Cas divers d'égalité des triangles. — Propriétés particulières du triangle isocèle et du triangle rectangle. — Intersection et contact des cercles. — Construction des triangles.

On nomme *triangle* toute figure formée par trois droites qui se coupent deux à deux.

Les points A, B, C (*fig* 60), où ces droites se coupent deux à deux, se nomment les *sommets* du triangle; et les longueurs AB, AC, BC, comprises entre les sommets, se nomment les *côtés*.

Si le triangle a deux côtés AB et AC (*fig.* 61) égaux entre eux, il est appelé triangle *isocèle*, et le troisième côté se nomme la *base* du triangle isocèle.

Quand les trois côtés d'un triangle ABC (*fig* 62) sont égaux entre eux, le triangle s'appelle triangle *équilatéral*.

Si un des trois angles d'un triangle PQR (*fig* 63), l'angle Q, par exemple, est un angle droit, le triangle prend le nom de triangle *rectangle*.

Le côté PR opposé à l'angle droit s'appelle l'hypothénuse.

56.

Dans tout triangle, la somme des trois angles est égale à deux angles droits.

Considérons un triangle quelconque ABC (*fig.* 64); je prolonge un côté BC, d'une quantité quelconque CK, et je mène par le point C la droite indéfinie CS parallèle à AB. Les angles ABC et SCK sont égaux entre eux, comme correspondants, par rapport aux parallèles AB et CS et à la sécante BC. Les angles BAC et ACS sont aussi égaux entre eux, comme alternes-internes, par rapport aux mêmes parallèles et à la sécante AC ; donc les trois angles ABC, BAC, ACB, du triangle BAC, sont respectivement égaux aux trois angles SCK, ACS, ACB, qui ont tous leur sommet au point C. Mais, la ligne BCK étant droite, la somme de ces trois angles équivaut à celle des deux angles qu'on obtiendrait en élevant au point C une perpendiculaire sur AK, c'est-à-dire à deux angles droits; donc la somme des trois angles d'un triangle vaut deux droits.

Corollaire I. Dans un triangle il y a toujours, au moins, deux angles aigus; car, s'il n'y en avait qu'un seul, les deux autres seraient droits ou obtus, et la somme des trois angles du triangle serait plus grande que deux droits.

Corollaire II. Dans un triangle rectangle, les deux angles aigus sont compléments l'un de l'autre ; car, si leur somme n'était pas égale à un angle droit, cette somme, augmentée du troisième angle qui est droit, ne serait pas égale à deux droits.

Corollaire III. Si deux angles d'un triangle ABC (*fig.* 65) sont respectivement égaux à deux angles d'un second triangle PQR, à savoir, si on a l'angle A=P et l'angle B=Q, le troisième angle C du triangle ABC sera égal au troisième angle R du triangle PQR. Car l'angle C, ajouté à la somme des angles A et B, doit donner une somme égale à deux angles droits. De même l'angle R est le supplément de la somme des angles P et Q ; donc l'angle C = R.

57.

Deux triangles, qui ont un angle égal compris entre des côtés égaux, sont égaux entre eux.

Supposons que l'angle A du triangle ABC (*fig.* 65) soit égal à l'angle P du triangle PQR ; que de plus on ait AB = PQ et AC = PR ; je dis que le triangle PQR pourra recouvrir parfaitement le triangle BAC, et qu'ainsi on aura l'angle Q = B, l'angle R = C et le côté QR = BC.

Car, si on transporte le triangle PQR de façon que le côté PQ recouvre exactement le côté AB, qui lui est égal, le côté PR prendra la même direction que le côté AC, parce que l'angle P = A, et le point R tombera sur le point C, parce que PR = AC. Or le point Q tombant sur le point B et le point R sur le point C, le troisième côté QR recouvrira exactement le côté BC ; donc les deux triangles ABC et PQR sont égaux.

58.

Deux triangles, qui ont un côté égal adjacent à deux angles égaux, sont égaux entre eux.

Si un côté BC (*fig.* 65) d'un triangle ABC est égal à un côté QR d'un second triangle PQR ; si, de plus, les angles B et C, adjacents au côté BC, sont respectivement égaux aux angles Q et R, adjacents au côté QR, je dis que le triangle PQR pourra recouvrir parfaitement le triangle BAC, et qu'on aura l'angle A=P, le côté AB=PQ et le côté AC=PR.

En effet, si on transpose le triangle PQR de façon que le côté QR recouvre exactement le côté BC, qui lui est égal ; le côté QP prendra la même direction que le côté BA, parce que l'angle Q=B, et le point P tombera quelque part sur BA ; de même, le côté RP prendra la même direction que CA, parce que l'angle R est égal à l'angle C, et le point P tombera quelque part sur CA. Le point P, tombant à la fois sur CA et sur BA, doit tomber sur le point A où ces deux lignes se rencontrent. Donc les deux triangles sont égaux.

59.

Deux triangles sont égaux quand ils ont leurs côtés égaux deux à deux.

Si les triangles ABC et PQR (*fig.* 66) ont leurs trois côtés égaux deux à deux, à savoir : AB=PQ, BC=QR et AC=PR, je dis que ces triangles peuvent se recouvrir parfaitement et que leurs angles sont égaux deux à deux, à savoir : ABC=PQR, BAC=QPR et BCA=QRP.

En effet, je transporte le triangle PQR au-dessous du triangle BAC, de façon que le côté PR recouvre exactement le côté AC, qui lui est égal, et que le point Q tombe au point S, la ligne PQ étant ainsi égale à AS, et la ligne QR à CS. Il faut prouver que le triangle ACS est égal à BAC. Pour cela, je tire la droite BS qui rencontre AC au point K. Comme on a AB=PQ par supposition, et AS=PQ par construction, on a aussi AB=AS ; on a de même BC

= CS; donc la ligne AC, qui a deux de ses points également éloignés de B et de S, est perpendiculaire sur le milieu de BS (n° 30, coroll. 1). Donc BA et SA sont, par rapport à AK, des obliques également éloignées du pied de la perpendiculaire, et on a l'angle BAC = CAS (n° 29). De même l'angle BCA = ACS. Donc l'angle ABC, troisième angle du triangle BAC, est égal à l'angle ASC, troisième angle du triangle ASC (n° 56, coroll. III).

60.

Dans un triangle isocèle, les angles opposés aux côtés égaux sont égaux.

Si le côté AB (*fig.* 67) du triangle ABC est égal au côté AC, je dis que les angles B et C opposés à ces côtés sont égaux entre eux. En effet, je tire la droite AM du sommet A, au milieu de la base BC; les triangles ABM et ACM ont leurs trois côtés égaux deux à deux, savoir : le côté AM commun aux deux triangles, le côté AB = AC par supposition, et BM = MC par construction. Donc ces deux triangles sont égaux (n° 59), et les deux angles B et C, opposés au côté commun AM, sont égaux entre eux.

De l'égalité des triangles ABM et ACM, il résulte aussi que l'angle AMC = AMB; donc, dans un triangle isocèle, la ligne droite qui joint le sommet au milieu de la base est perpendiculaire sur cette base.

61.

Réciproquement, si deux angles d'un triangle sont égaux l'un à l'autre, les côtés opposés à ces deux angles sont aussi égaux entre eux, et le triangle est isocèle.

Je suppose que les angles B et C du triangle ABC (*fig.* 61) soient égaux l'un à l'autre ; je dis que les côtés AB et AC, opposés à ces deux angles, seront aussi égaux entre eux. En effet, concevons qu'on ait superposé au triangle ABC un second triangle qui lui soit égal et le recouvre exactement. Si on retourne ce second triangle de manière que le sommet qui recouvrait le point C tombe au point B, et que celui qui recouvrait le point B tombe au point C, le côté de ce second triangle qui recouvrait le côté CA tombera sur le côté AB, parce que l'angle BCA = CBA ; et, par la même raison, le côté qui recouvrait le côté BA tombera sur le côté CA ; donc le sommet du second triangle, qui recouvrait le point A, tombera toujours sur le point A, et ce second triangle recouvrira exactement le premier ; donc le côté qui recouvrait CA est égal au côté BA ; donc AB = CA.

62.

Quand deux angles d'un triangle sont inégaux, le côté qui est opposé au plus grand angle est plus grand que le côté opposé au plus petit angle.

L'angle B du triangle ABC (*fig.* 68) étant plus

grand que l'angle C du même triangle, je dis que le côté AC, opposé à l'angle B, est plus grand que le côté AB, opposé à l'angle C. Pour le prouver, je mène par le point B une ligne qui rencontre AC au point K, et qui fasse avec BC un angle KBC égal à l'angle C. On a : $AB < AK+BK$, mais $BK = KC$, parce que l'angle $KBC = KCB$ (n° 61); donc on a $AB < AK+KC$ ou $AB < AC$.

Réciproquement. Si le côté AC d'un triangle ABC (*fig.* 68) est plus grand que le côté AB du même triangle, l'angle ABC, opposé au côté AC, sera plus grand que l'angle ACB, opposé au côté AB. En effet, l'angle ABC ne peut pas être plus petit que l'angle ACB; car alors, d'après ce qui précède, on aurait $AC < AB$, ce qui est contre la supposition. L'angle ABC ne peut pas non plus être égal à ACB; car alors on aurait $AB = AC$ (n° 61), ce qui est encore contre la supposition. L'angle ABC, ne pouvant être ni plus petit que ACB, ni égal à ACB, est donc plus grand que ACB.

63.

Deux triangles rectangles, qui ont un côté égal et l'hypothénuse égale, sont égaux.

Si deux triangles ABC et DEF (*fig.* 69), rectangles l'un en B, l'autre en E, ont le côté $AB = DE$ et l'hypothénuse $AC = DF$; ces deux triangles sont égaux. Cette égalité sera démontrée si on prouve que $BC = EF$. Or, je suppose que l'une de ces deux lignes, BC par exemple, soit plus grande que la seconde, je prends sur BC une quantité $BI = EF$, et je tire l'oblique AI. Les deux triangles ABI et DEF ont l'angle droit B=E, le côté AB=DE, et le côté BI=EF, donc ils sont égaux (n° 57), et l'on a AI=DF; mais par supposition AC=DF; donc AI= AC, ce qui est impossible (n° 29). Donc les deux lignes BC et EF ne peuvent pas être inégales, et les deux triangles rectangles sont égaux.

Un grand nombre de problèmes ont pour objet la construction des triangles. Il s'agit de tracer, à l'aide de la règle et du compas, des triangles qui satisfassent à des conditions déterminées. Nous donnerons plus loin plusieurs exemples de ces constructions; mais, pour pouvoir se rendre un compte exact des opérations qui s'exécutent avec la règle et le compas, il faut d'abord étudier les principales propositions relatives aux points de rencontre, autrement dit, aux *intersections* des circonférences.

64.

Si deux cercles ont un point commun situé hors de la ligne qui joint leurs centres, ils en auront un second, situé de l'autre côté de cette ligne.

Supposons que deux cercles dont les centres sont A et B (*fig.* 70) passent par un point C, situé hors de la ligne AB qui joint leurs centres; si on abaisse du point C la droite CK perpendiculaire sur BA, et qu'on la prolonge d'une quantité KH=CK; je dis que les deux cercles qui se rencontrent déjà au point C passeront aussi par le point H. En effet, je tire les obliques AC et AH; elles sont égales, parce qu'elles s'écartent également du pied de la perpendiculaire, donc le point H appartient au cercle dont le centre est au point A ; mais si l'on tire les obliques BH et BC, on a aussi BH=BC, donc le point H appartient aussi au cercle dont le centre est en B. Donc les deux cercles ont un second point commun H.

65.

Quand la distance des centres de deux cercles est égale à la somme de leurs rayons, les deux cercles se touchent extérieurement ; et quand elle est égale à leur différence, ils se touchent intérieurement.

Quand deux cercles n'ont qu'un seul point de commun, on dit qu'ils sont *tangents;* on dit aussi que les deux cercles sont tangents intérieurement ou extérieurement, suivant que l'un des deux enveloppe l'autre, comme dans la figure 72, ou que chacun des deux est extérieur à l'autre, comme dans la figure 71.

Cela posé : 1° si la distance AB (*fig.* 71) des centres A et B de deux cercles est égale à la somme de leurs rayons, ces deux cercles seront tangents extérieurement. En effet, soit AO le rayon du cercle dont le centre est le point A ; le rayon du second cercle dont le centre est au point B devra être BO, et les deux cercles auront le point O commun. Mais ils n'auront que ce seul point commun, car s'ils en avaient un deuxième, ce second point commun serait nécessairement situé hors de la ligne des centres ; alors, d'après la proposition précédente, les deux cercles auraient un troisième point commun, situé de l'autre côté de cette ligne, et ils ne feraient qu'un seul et même cercle (n° 53).

2° Si la distance AB (*fig.* 72) des deux centres A et B est égale à la différence des rayons des deux cercles, ils se touchent intérieurement. Car soit AO le rayon du petit cercle ; pour que la distance des centres des deux cercles soit égale à la différence de leurs rayons, il faudra que le rayon du plus grand cercle soit BO, et les deux cercles auront le point O commun ; or, on prouvera, comme dans le premier cas, qu'ils n'auront que ce seul point commun.

On peut comprendre, dans un seul et même énoncé, les deux propositions que nous venons d'établir, en disant : deux cercles sont tangents entre eux, quand ils passent par un même point situé sur la droite qui joint leurs centres ; car alors la distance des centres des deux cercles sera égale à la somme de leurs rayons, si ce point est situé entre les deux centres ; et à leur différence, s'il est situé sur un des prolongements de la ligne qui passe par les centres.

66.

Réciproquement, quand deux cercles se touchent extérieurement, la distance des centres est égale à la somme de leurs rayons ; et quand ils se touchent intérieurement, elle est égale à leur différence.

En effet, soient A et B (*fig.* 71) les centres de deux cercles qui se touchent extérieurement au point O. Le point de contact O sera situé sur la droite qui va du point A au point B ; car s'il était situé hors de cette droite, les deux cercles auraient un second point commun et ne seraient pas tangents (n° 64). Donc la ligne AOB est droite ; donc la distance AB des deux centres est égale à la somme des deux rayons AO et BO.

De même, si les deux cercles se touchent intérieurement au point O (*fig.* 72), le point O de contact doit se trouver sur la droite AB, et la distance AB des deux centres est égale à la différence des rayons.

On peut comprendre ces deux propositions dans un seul énoncé, en disant : si deux cercles se touchent, soit intérieurement soit extérieurement, les centres et le point de contact sont en ligne droite.

67.

Quand deux cercles se coupent, la distance des centres est plus petite que la somme de leurs rayons ; et de plus, le plus grand rayon est plus petit que la somme du plus petit rayon et de la distance des centres.

En effet, si deux cercles qui ont pour centres les points A et B (*fig.* 73) se coupent aux points C et D, ces deux points de rencontre seront nécessairement situés hors de la ligne des centres. Alors, en joignant l'un d'eux, par exemple le point C, aux deux centres A et B, on formera un triangle ABC dans lequel chacun des trois côtés sera plus petit que la somme des deux autres ; or, ces trois côtés sont les deux rayons et la distance des centres.

68.

Réciproquement, quand les centres de deux cercles sont situés de telle façon, que leur distance mutuelle soit plus petite que la somme des deux rayons; et que de plus, le plus grand rayon soit plus petit que la somme du plus petit rayon et de la distance des centres; ces deux cercles doivent avoir deux points communs.

Il suffira de prouver que les deux cercles ne sont alors, ni extérieurs l'un à l'autre, sans avoir aucun point commun, comme dans la figure 74; ni intérieurs l'un à l'autre, comme dans la figure 75, ni tangents extérieurement, ni tangents intérieurement, comme dans les figures 71 et 72.

Or, le premier de ces quatre cas ne peut pas avoir lieu; car, alors, la ligne AO (*fig.* 74), qui joint les deux centres, serait plus grande que la somme des deux rayons, ce qui est contraire à la supposition.

Le second cas n'a pas lieu non plus; car alors le plus grand rayon KH (*fig.* 75) serait plus grand que la somme du plus petit rayon SV, et de KS distance des centres, ce qui est encore contraire à la supposition.

Le troisième cas est encore contraire à la supposition, car, si les deux cercles se touchaient extérieurement, la ligne AB (*fig.* 71), qui est la distance des centres, serait égale à la somme des rayons.

Le quatrième cas est également impossible; car,

102 INTERSECTIONS ET CONTACT DES CERCLES.

si les deux cercles se touchaient intérieurement, le plus grand rayon BO (*fig.* 72) serait égal à la somme du plus petit rayon AO et de la ligne AB distance des centres, ce qui est encore contraire à la supposition.

69.

Quand deux cercles se coupent, la ligne qui joint les centres est perpendiculaire sur celle qui joint les deux points de rencontre, et passe par son milieu.

Les deux cercles dont les centres sont A et B (*fig.* 76) se coupant aux points C et D, je dis que la droite AB, qui passe par les deux centres, est perpendiculaire sur le milieu de la droite CD, qui passe par les deux points d'intersection; car elle a deux de ses points également éloignés des extrémités de la droite CD (n° 30, coroll.).

PROBLÈMES.

70.

Construire un triangle, connaissant un angle et les deux côtés qui le comprennent.

On demande de construire un triangle qui ait un de ses angles égal à l'angle connu A (*fig.* 77), et dans lequel les deux côtés qui comprennent cet angle soient égaux, l'un à la ligne donnée P, l'autre à la ligne donnée Q.

Pour cela, je tire une droite indéfinie SK, et par un point C, pris au hasard sur cette droite, je mène une ligne CO qui fasse avec CK un angle OCK égal à l'angle donné A (n° 40). Je prends sur les deux côtés de cet angle une longueur CI égale à P, et une longueur CL égale à Q, et je tire la droite LI. Le triangle CLI est le triangle demandé.

71.

Construire un triangle, connaissant un côté et les deux angles adjacents.

Pour construire un triangle dans lequel un des côtés soit égal à une ligne donnée P (*fig.* 78), et les deux angles adjacents égaux respectivement à deux angles donnés A et B; on tire une ligne droite MN égale à P, on mène par les points M et N deux droites qui fassent avec MN des angles égaux l'un à A, l'autre à B, et le triangle MNR ainsi déterminé est le triangle demandé.

72.

Construire un triangle, connaissant les longueurs des trois côtés.

On tire une droite AB (*fig.* 79) égale à un des trois côtés du triangle. Du point A comme centre et avec un rayon égal au second des trois côtés donnés, on décrit un arc de cercle. On décrit aussi un second arc de cercle du point B comme centre, avec un rayon égal au troisième des côtés donnés. On joint le point O, qui est un des points de rencontre de ces deux arcs de cercle, aux extrémités A et B de la ligne AB, et le triangle AOB ainsi déterminé est le triangle demandé.

Remarque. Pour que les arcs de cercle que l'on décrit des points A et B comme centres, se coupent en un point O, il est nécessaire et il suffit que chacun des trois côtés donnés soit plus petit que la somme des deux autres, car alors la distance des centres de ces arcs sera plus petite que la somme de leurs rayons, et le plus grand des deux rayons sera plus petit que la somme du plus petit rayon et de la distance des centres (n°s 67 et 68). Si chacun des trois côtés donnés n'est pas plus petit que la somme des deux autres, les deux cercles ne se couperont pas, et le triangle ne pourra pas se construire.

73.

Décrire un triangle qui ait deux de ses côtés égaux respectivement à deux lignes données, et dans lequel l'angle opposé à un de ces côtés soit égal à un angle donné.

Tracez une droite indéfinie AI (*fig.* 80), et menez par le point A une ligne qui fasse avec la première un angle BAI égal à l'angle donné (n° 40). Prenez AB égal à celle des deux lignes données qui doit être un côté de cet angle, et décrivez du point B comme centre, avec un rayon égal à la seconde ligne donnée, un arc de cercle qui coupera la ligne

AI au point C; le triangle ABC est le triangle demandé.

Lorsque l'angle donné A est aigu, il faut que le côté qui doit lui être opposé soit plus grand que la perpendiculaire BS, abaissée du point B sur AI, pour que l'arc de cercle décrit du point B comme centre puisse couper la ligne AI. Si ce côté, étant plus grand que BS, se trouve en même temps plus petit que BA, l'arc de cercle décrit du point B comme centre coupera la ligne AI en un second point H, situé à droite du point A, et les deux triangles ABH et ABC satisferont aux conditions proposées. Au contraire, quand ce côté est à la fois plus grand que BS et que BA, il n'y a plus qu'une seule solution, parce que le second point d'intersection de l'arc de cercle décrit du point B comme centre avec AI se trouve situé à gauche du point A.

Quand l'angle donné A est obtus, la perpendiculaire BS tombe sur le prolongement de AI; le cercle décrit du point B comme centre, avec un rayon égal au côté qui doit être opposé à l'angle A, coupe la ligne AI à droite du point A, en un seul point C, si toutefois le côté qui est le rayon de ce cercle est plus grand que BA; et le triangle ABC satisfait aux conditions proposées.

74.

Construire un triangle dans lequel on connaît un angle, le côté qui doit lui être opposé, et la hauteur, c'est-à-dire la perpendiculaire abaissée du sommet de l'angle connu sur le côté opposé.

Je tire une ligne AB (*fig.* 81) égale à la base donnée, et je décris sur AB un segment AOB capable de l'angle donné (n° 54). Au point A j'élève sur AB une perpendiculaire AS égale à la hauteur donnée, et par le point S je mène une parallèle à AB, qui rencontre le segment au point I ; je joins le point I aux points A et B, et le triangle AIB ainsi formé est le triangle demandé. Car la base AB est égale à la base donnée ; l'angle AIB, inscrit dans un segment capable de l'angle donné, est égal à cet angle ; et si on abaisse la droite IK perpendiculaire sur AB, elle sera égale à la hauteur donnée, puisqu'elle est égale à la ligne AS que l'on a prise égale à cette hauteur.

La parallèle à AB qu'on a menée par le point S rencontrera généralement le segment de cercle décrit sur AB en un second point H, et si on joignait le point H aux deux points A et B, on aurait un second triangle qui satisferait aux conditions données. Mais il est facile de reconnaître que ce second triangle est égal au premier.

Si la parallèle menée par le point S à la ligne AB est tangente au segment, le triangle qu'on formera en joignant le point de contact aux extrémités de a ligne AB remplira les conditions demandées ; et il est aisé de voir que ce triangle sera isocèle.

Si la parallèle à AB ne rencontre pas le segment décrit sur AB, le triangle demandé est impossible à construire.

75.

Décrire un cercle qui soit tangent à un cercle donné en un point donné sur ce cercle ; et qui de plus, soit tangent à une ligne droite déterminée de position.

Soit C (*fig.* 82) le centre du cercle donné, et A le point donné sur ce cercle; soit MN la ligne donnée. Menez le rayon CA, que vous prolongez indéfiniment dans les deux sens, et menez à l'extrémité A une perpendiculaire sur CA, qui rencontre la ligne MN au point K. Partagez les angles AKN et AKM en deux parties égales, par deux lignes qui rencontrent l'une au point O, l'autre au point S, le rayon CA prolongé. Décrivez deux cercles des points O et S comme centres, avec des rayons égaux, l'un à OA, l'autre à SA. Chacun de ces cercles remplira les conditions demandées. Considérez, par exemple, le cercle décrit du rayon OA. Menez OI perpendiculaire sur MN. On a OA=OI; car les triangles rectangles OKI et OKA sont égaux, parce qu'ils ont l'hypothénuse OK commune et l'angle OKI=OKA, et par conséquent l'angle KOI = KOA. Donc le cercle décrit du rayon OA touche le cercle donné au point A, et la droite donnée au point I.

76.

Décrire un cercle qui passe par un point donné et qui touche un cercle donné en un point déterminé.

Soit O (*fig.* 83) le centre du cercle donné, soit

C le point donné par lequel passera le cercle demandé, et A le point où il doit toucher le cercle donné. Je prolonge OA, je tire la ligne AC et je mène par le milieu H de AC une perpendiculaire à cette ligne, qui rencontre au point M le prolongement de OA. Le cercle décrit du point M comme centre avec le rayon MA sera le cercle demandé; car il touchera le cercle donné au point A (n° 65), et passera par le point C (n° 30). Si la ligne CA fait un angle droit avec AO, la perpendiculaire qu'on élève au milieu de AC ne rencontre pas le prolongement de AO, et le problème est impossible; si l'angle CAM est obtus, la rencontre de AO avec la perpendiculaire élevée au milieu de CA aura lieu à gauche du point A, et le cercle demandé enveloppera le cercle donné, ou en sera enveloppé, suivant que le point C sera extérieur ou intérieur au cercle donné.

IX.

Quadrilatères en général. — Trapèze. — Parallélogramme. Losange. — Rectangle. — Carré.

On nomme *quadrilatères*, les figures qui ont quatre côtés, comme ABCD (*fig.* 84). Nous ne considérerons, dans ce chapitre, que les quadrilatères dont les quatre côtés sont situés dans un même plan.

Quand deux côtés d'un quadrilatère sont parallèles entre eux, si, par exemple, le côté PS (*fig.* 85) du quadrilatère PQRS est parallèle au côté QR, le quadrilatère prend le nom de *trapèze*.

Le *parallélogramme* est un quadrilatère dont les côtés opposés sont parallèles deux à deux. Ainsi : si le côté OP (*fig.* 86) du quadrilatère OPQR est parallèle à QR, et de plus, si PQ est parallèle à OR, ce quadrilatère se nomme un parallélogramme.

On nomme *losange* un quadrilatère dont les quatre côtés sont égaux, comme ceux du quadrilatère MNOP (*fig.* 87).

On nomme *rectangle* un parallélogramme dans lequel deux côtés opposés AD et BC (*fig.* 88) sont coupés perpendiculairement par les deux autres côtés. Quand les quatre côtés du rectangle sont égaux entre eux, il prend le nom de *carré*.

77.

Dans un parallélogramme, les côtés opposés sont égaux entre eux, ainsi que les angles opposés.

Le côté VR (*fig.* 89) du parallélogramme RVTS, étant parallèle à TS, et le côté SR parallèle à TV; je dis qu'on a de plus VR=TS et RS=VT. Car si on joint deux sommets opposés S et V par la droite VS qu'on appelle une *diagonale*, les deux triangles VTS et VRS sont égaux, parce qu'ils ont le côté VS commun, l'angle RVS=VST comme alternes internes, et RSV=SVT par la même raison. Donc le côté VR et le côté TS, opposés à des angles égaux, dans des triangles égaux, sont égaux entre eux; on a de même RS=VT; et de plus les angles SRV et VTS opposés l'un à l'autre, sont égaux entre eux.

En général, deux droites parallèles comprises entre deux autres droites parallèles sont égales entre elles.

78.

Réciproquement, si chaque côté d'un quadrilatère est égal à celui qui lui est opposé, les côtés opposés sont parallèles et la figure est un parallélogramme.

Si dans le quadrilatère RSTV (*fig.* 89), on a SR =VT et de plus RV=ST, je dis que RS est parallèle à VT et RV à ST. Car, si je mène la diagonale VS, les triangles RVS et TVS ont leurs côtés égaux deux à deux, savoir: le côté VS commun, de plus RS=VT et RV=TS par supposition. Donc ces trian-

QUADRILATÈRES. 111

gles sont égaux; donc les angles alternes internes SVT et VSR sont égaux; donc VT est parallèle à RS (n° 44). De même VR est parallèle à TS, parce que les angles alternes-internes RVS et VST sont égaux.

79.

Si un des côtés d'un quadrilatère est égal et parallèle à celui qui lui est opposé, les deux autres côtés sont parallèles, et la figure est un parallélogramme.

Si le côté SR (*fig.* 89) du quadrilatère RVTS est égal et parallèle au côté TV qui lui est opposé, je dis que les deux autres côtés VR et TS sont parallèles entre eux. Car, en menant la diagonale VS, je forme deux triangles RVS et VTS qui sont égaux, parce qu'ils ont le côté VS commun, le côté VT=SR par supposition, et l'angle VSR=TVS puisque VT est parallèle à SR. Donc les angles alternes internes RVS et VST sont égaux; donc VR est parallèle à ST (n° 44).

80.

Les diagonales d'un parallélogramme se partagent mutuellement en deux parties égales.

Les diagonales BD et AC (*fig.* 90) du parallélogramme ABCD se coupant au point O, je dis qu'on aura AO=OC et BO=OD. Car les triangles BAO et COD ont le côté AB=CD, puisque les côtés opposés d'un parallélogramme sont égaux (n° 77); de plus, l'angle ABO=ODC comme alternes internes, et BAO=OCD par la même raison; donc ces triangles sont égaux; donc les côtés AO et OC, opposés aux angles égaux ABO et ODC sont égaux, et l'on a de même OB=OD.

81.

Les diagonales d'un losange se coupent à angle droit.

Les diagonales QS et PR (*fig.* 91) d'un losange PQRS sont perpendiculaires l'une à l'autre. Car, soit O leur point de rencontre; on a QR=RS puisque PQRS est un losange; on a QO=SO par la proposition précédente, et le côté OR est commun aux deux triangles OQR et OSR; donc ces triangles sont égaux; donc les angles QOR et SOR sont droits.

82.

Propriétés du rectangle.

Nous avons dit qu'on appelle rectangle un parallélogramme tel que QRST (*fig.* 92) dans lequel deux côtés opposés sont coupés perpendiculairement par les deux autres côtés. Donc les propriétés du parallélogramme sont communes au rectangle. Leurs côtés opposés sont égaux, et leurs diagonales QS et TR se coupent mutuellement en deux parties égales. Il faut ajouter que ces diagonales sont égales entre elles; car les triangles QRT et QTS ont le côté TQ commun, l'angle droit TQR=QTS, et le côté QR=TS; donc ils sont égaux; et les diagonales QS et TR, qui sont les hypothénuses de ces triangles, sont égales entre elles.

X.

Polygones et leur décomposition en triangles. — Polygones réguliers en général ; faire voir qu'ils sont inscriptibles et circonscriptibles au cercle.—Cas particuliers du carré, de l'hexagone et du triangle.

On appelle en général *polygone* une figure telle que ABCDEFG (*fig.* 93), terminée par un nombre quelconque de lignes droites. Nous ne considérerons dans ce chapitre que les polygones dont tous les côtés sont situés dans un même plan. Nous supposerons aussi que ces polygones ne puissent pas être rencontrés en plus de deux points, par une ligne droite ; ou, ce qui revient au même, qu'ils n'aient pas d'angles rentrants comme la figure HKLMNOPQ (*fig.* 94).

Nous avons appelé triangles les polygones de 3 côtés, quadrilatères ceux de 4 ; on appelle pentagones ceux de 5, hexagones ceux de 6 ; heptagones, octogones, décagones, duodécagones ceux de 7, de 8, de 10, et de 12 côtés.

On appelle polygone *régulier*, un polygone dont tous les côtés sont égaux entre eux, et tous les angles aussi.

Un triangle équilatéral est un polygone régulier de trois côtés, un carré est un polygone régulier de quatre côtés. Les polygones réguliers de 5, de 6, de 7, de 8 côtés, se nomment des pentagones, des hexagones, des heptagones et des octogones réguliers.

83.

Tout polygone peut être décomposé en autant de triangles qu'il a de côtés, moins deux.

Choisissant à volonté un des sommets A d'un polygone ABCDEF (*fig.* 95), je mène de ce sommet à tous les autres les *diagonales* AC, AD, AE. Le polygone se trouve ainsi partagé en triangles ABC, ACD, ADE, AEF, qui ont pour sommet commun le point A, et pour bases opposées à ce sommet tous les côtés du polygone, à l'exception des côtés AB et AF qui forment l'angle A. Donc le polygone est décomposé en autant de triangles qu'il a de côtés, moins deux.

84.

La somme de tous les angles d'un polygone est égale à autant de fois deux droits que le polygone a de côtés, moins deux.

Je décompose le polygone ABCDEF (*fig.* 95) en autant de triangles qu'il a de côtés, moins deux, par les diagonales AC, AD, AE. La somme des trois angles de chacun de ces triangles est égale à deux angles droits; donc en réunissant tous les angles de ces différents triangles, on aura une somme égale à autant de fois deux droits, que le polygone a de côtés, moins deux. Mais la somme des angles des triangles dans lesquels on a décomposé le polygone est égale à la somme des angles du polygone; car, par exemple : l'angle A du polygone est égal à la somme des angles BAC, CAD, DAE, EAF appartenant aux triangles; l'angle B est à la fois un angle du polygone, et un angle du triangle ABC; l'angle BCD du polygone est égal à la somme des deux angles BCA et ACD, qui appartiennent, l'un au triangle ABC, l'autre au triangle ACD, etc.; donc la somme des angles du polygone est égale à autant de fois deux droits qu'il a de côtés, moins deux.

85.

Un polygone régulier étant donné, on peut toujours décrire un cercle, passant par tous ses sommets, qu'on appelle cercle circonscrit; *et un second cercle, tangent à tous ses côtés, qu'on appelle cercle* inscrit.

Soit ABCDEF (*fig.* 96) un polygone régulier. Par les points S et I, milieux de deux côtés consécutifs AB et BC, j'élève sur ces côtés deux perpendiculaires qui se coupent au point O; de ce point comme centre, avec un rayon égal à AO, je décris un cercle qui passe, comme on le sait, par les trois points A, B, C; et j'ajoute qu'il passera aussi par le sommet D, et par tous les autres sommets du polygone. En effet, je tire la droite DO; si je fais tourner le quadrilatère OSCD autour de OS comme charnière, le côté SC prendra la direction de SB, parce que l'angle droit OSC=l'angle droit OSB, et le point C tombera sur le point B, vu que BS=SC; le côté CD prendra la direction de BA, parce que les angles B et C sont égaux, le polygone étant régulier; et comme CD=BA, le point D tombera sur le point A ; donc DO=AO. On prouverait de même que les droites OE, OF sont égales aux droites OA, OB, OC, OD; donc le cercle décrit du point O, comme centre, avec un rayon égal à OA, passera par tous les sommets du polygone.

De plus j'abaisse les perpendiculaires OI, OS, OK, etc., sur les côtés du polygone régulier ; ces perpendiculaires sont égales, puisque tous ces côtés sont des cordes égales; de plus, ces perpendiculaires passent par les milieux de ces côtés. Donc le cercle décrit du point O comme centre, avec un rayon égal à OI, sera tangent en leurs milieux à tous les côtés du polygone, puisque chacun de ces côtés sera perpendiculaire à l'extrémité d'un rayon.

La droite OI, rayon du cercle inscrit dans le polygone régulier, se nomme l'*apothème* de ce polygone.

86.

Inscrire dans un cercle un carré, et des polygones réguliers de 8, de 16, de 32, de 64, etc. côtés.

Je trace deux diamètres AC et BD (*fig.* 97) perpendiculaires l'un à l'autre ; je joins deux à deux les extrémités de ces diamètres par les cordes AB, BC, CD, et DA ; et la figure ABCD est le carré inscrit demandé ; car tous les côtés de ce quadrilatère sont égaux comme cordes d'arcs égaux ; et tous ses angles, étant inscrits dans un demi-cercle, sont droits (n° 51).

Si on joint les milieux de chacun des arcs AB, BC, CD, DA, à ses extrémités, on aura l'octogone inscrit. De même on aura le polygone inscrit de 16 côtés, en prenant le milieu de chacun des arcs sous-tendus par les côtés de l'octogone, et joignant ce milieu aux extrémités de l'arc. On déduira de même le polygone régulier inscrit de 32 côtés, de celui de 16, et ainsi de suite.

87.

Inscrire dans un cercle un hexagone régulier, un triangle équilatéral, et des polygones réguliers de 12, 24, 48, etc. côtés.

J'inscris dans le cercle une corde AB (*fig.* 98) égale au rayon, et je dis que l'arc APB sous-tendu par cette corde est la sixième partie de la circonférence. En effet, je tire les rayons AO et BO. Le triangle ABO a ses trois côtés égaux au rayon; donc ces trois angles sont égaux entre eux; donc chacun de ces angles, et en particulier l'angle AOB, est égal au tiers de deux angles droits, ou au sixième de 4 angles droits. Le rayon AB peut donc être inscrit 6 fois de suite dans la circonférence; une première fois de A en B, une seconde de B en C, puis de C en D, de D en E, de E en F et de F en A; et le polygone ABCDEF est l'hexagone régulier inscrit, car les 6 côtés sont égaux; et les 6 angles ayant pour mesure des moitiés d'arcs égaux (n° 51) sont aussi égaux.

En joignant de deux en deux les sommets de l'hexagone régulier inscrit, on formera le triangle équilatéral inscrit FDB.

On forme le polygone régulier inscrit de douze côtés, ou le duodécagone régulier inscrit, en joignant les milieux de chacun des arcs sous-tendus par les côtés de l'hexagone, aux extrémités de cet arc. On aura de même ensuite les polygones réguliers inscrits de 24, de 48, de 96, etc., côtés.

PROBLÈME.

88.

Indiquer toutes les manières de carreler une chambre avec des carreaux égaux qui aient la forme d'un polygone régulier.

Comme les carreaux doivent se joindre parfaitement, l'angle BAC (*fig.* 99) doit être une partie exacte de quatre angles droits.

On pourra employer des triangles équilatéraux, parce que l'angle du triangle équilatéral, qui est les $\frac{2}{3}$ d'un angle droit, est exactement la sixième partie de quatre angles droits.

Par une raison analogue, on peut employer des carrés.

On ne peut pas faire usage du pentagone régulier, car la somme des angles de tout pentagone est égale à 6 angles droits (n° 84). Donc chacun des angles d'un pentagone régulier est les $\frac{6}{5}$ d'un angle droit ; or $\frac{6}{5}$ n'est pas contenu dans 4 un nombre exact de fois.

On peut employer des hexagones réguliers, et en assembler exactement 3 autour d'un même point A (*fig.* 99) ; car la somme des angles de tout hexagone est 8 angles droits (n° 84) ; donc chacun des angles d'un hexagone régulier est $\frac{1}{6}$ de 8 droits ou le tiers de quatre angles droits.

D'ailleurs on ne peut pas employer des polygones réguliers qui aient plus de 6 côtés. En effet, à mesure qu'on divise la circonférence en plus de parties égales, l'angle de deux cordes consécutives a pour mesure la moitié d'un plus grand arc. Donc l'angle d'un polygone régulier, qui a plus de six côtés, est plus grand que l'angle de l'hexagone régulier, ou que le tiers de quatre angles droits ; il faudrait donc assembler moins de trois carreaux autour du point A, s'ils avaient plus de six côtés ; or on ne peut pas en assembler moins de trois.

XI.

Propriétés des droites coupées par des séries de parallèles. — Quatrièmes proportionnelles. — Similitudes des triangles. — Propriétés particulières du triangle rectangle. — Troisième et moyenne proportionnelles. — Moyens de les construire. — Construction et usage des échelles. — Description du compas de proportion et du compas de réduction. — Mesure des hauteurs et des distances inaccessibles.

89.

Une droite parallèle à la base d'un triangle divise ses côtés proportionnellement.

Si la droite OS (*fig.* 100) est parallèle à la base BC du triangle ABC, je dis que le rapport de AO à OB sera le même que celui de AS à SC.

Supposons d'abord que les deux longueurs AO et OB soient commensurables (n°s 9 et 10) ; et par exemple, que la ligne AO étant partagée en 5 parties égales, la ligne BO contienne exactement 6 de ces parties, de sorte que le rapport de AO à OB soit $\frac{5}{6}$. Je mène par les points de division de la ligne AB des parallèles à BC qui partagent la ligne AC en autant de divisions égales qu'il y en a dans AB. 5 de ces divisions sont contenues dans AS, et 6 dans SC ; le rapport de AS à SC est donc aussi $\frac{5}{6}$ et on a la proportion

$$AO : OB :: AS : SC$$

Si les lignes AO et OB sont incommensurables (n° 10), on prouvera que la proportion précédente a toujours lieu, par un raisonnement semblable à celui du numéro 23. Par exemple, si on a partagé la ligne AO en 1000 parties égales, je supposerai que la ligne OB contienne 2332 de ces parties et en outre un excédant B*i* moindre qu'une d'entre elles. Si on mène par les points de division de AO et de OB des parallèles à BC, elles partageront AS en 1000 parties égales, et il y aura 2332 de ces parties dans SC, plus un excédant C*h* correspondant à l'excédant B*i*, et moindre qu'une de ces 2332 parties. Donc le rapport de SC à SA sera compris entre les nombres décimaux 2,332 et 2,333. Et comme celui de BO à OA est aussi compris entre les mêmes nombres décimaux, qui diffèrent entre eux d'un millième, on en conclut que la différence entre le rapport de BO à OA et celui de SC à SA, est plus petite qu'un millième. Mais on aurait pu partager AO en plus de 1000 parties égales, par exemple en 10000, en 100000, en un 1000000 etc., de parties égales, et, par un raisonnement semblable au précédent, on reconnaîtrait que la différence entre ces deux rapports est plus petite que toute fraction donnée, quelque petite qu'elle soit. Donc ces deux rapports sont égaux.

Corollaire. Si on mène plusieurs parallèles PQ, RS, et VO (*fig.* 101) à la base BC du triangle ABC, on aura la suite de rapports égaux

$$AP : AQ :: PR : QS :: RV : SO :: VB : OC$$

90.

Réflexions sur l'usage des proportions dans la géométrie.

Dans la proposition précédente on a posé pour la première fois une proportion dont les quatre termes sont des lignes droites; mais on peut se figurer des nombres à la place de ces lignes droites. En effet, si on mesure AO et BO (*fig.* 100) avec une unité de mesure quelconque, et si on divise le nombre d'unités et de parties d'unité contenues dans AO, par le nombre d'unités et de parties d'unité contenues dans BO, on aura le rapport de AO à BO. Par exemple si on mesure AO et BO avec le mètre, si on trouve que AO contient $3^m, 5$ et que BO contient $1^m, 25$, et si on divise 3, 5 par 1, 25 on trouvera que le rapport de AO à BO est 2, 8. Or, comme le rapport de AS à SC doit être le même que celui de AO à OB, quand OS est parallèle à BC, si on mesure aussi AS et SC avec le mètre, ou avec toute autre unité de mesure, et si on divise le nombre d'unités et parties d'unité contenues dans AS, par le nombre d'unités et parties d'unité contenues dans SC, on devra trouver aussi 2,8 pour le quotient de cette division.

Ainsi dans la proposition AO : OB : : AS : SC, on peut se figurer à la place des quatre lignes, les quatre nombres qui indiquent combien chacune d'elles contient d'unités de mesure et de parties d'unité. D'ailleurs il n'est pas nécessaire qu'on emploie pour mesurer les deux lignes qui entrent dans le second rapport, la même unité de longueur que

LIGNES PROPORTIONNELLES.

celle qui a servi pour mesurer les deux lignes du premier rapport.

Quand on substitue ainsi des nombres à la place des lignes dans une proportion, on peut appliquer à cette proportion tous les principes démontrés dans l'arithmétique. Ainsi la proportion AO : OB :: AS : SC (*fig.* 100), donne lieu aux huit proportions suivantes :

AO : OB :: AS : SC	SC : AS :: OB : AO
AO : AS :: OB : SC	SC : OB :: AS : AO
AS : AO :: SC : OB	OB : SC :: AO : AS
AS : SC :: AO : OB	OB : AO :: SC : AS

2°. On peut aussi ajouter chaque conséquent à son antécédent, ou l'en retrancher, sans qu'il cesse d'y avoir égalité entre les deux rapports. Ainsi de la proportion AO : OB :: AS : SC (*fig.* 100), on conclut :

$$AO + OB : OB :: AS + SC : SC$$
$$\text{ou } AB : OB :: AC : SC.$$

3°. Si on a deux proportions différentes A : B :: C : D et P : Q :: R S, dans lesquelles les lettres A, B, C, D, et P, Q, R, S, représentent de lignes droites ; on peut multiplier terme à terme ces deux proportions et on obtient la nouvelle proportion

$$A \times P : B \times Q :: C \times R : D \times S$$

entre les produits des nombres qui expriment combien ces lignes contiennent d'unités de longueur et de parties d'unité.

4°. Quatre lignes A, B, C, D étant en proportion, les carrés des nombres qui expriment la longueur de ces lignes, fourniront une nouvelle proportion; et leurs racines carrées en fourniront une troisième. Ainsi de la proportion

$$A : B :: C : D$$

on peut conclure la proportion

$$A^2 : B^2 :: C^2 : D^2$$

et

$$\sqrt{A} : \sqrt{B} :: \sqrt{C} : \sqrt{D}$$

5°. Enfin, si on a la suite des rapports égaux

$$A : B :: C : D :: E : F :: G : H, \text{etc.}$$

on en conclut la proportion

$$A+C+E+G : B+D+F+H :: A : B$$

d'après ce principe, que : dans une série de rapports égaux, la somme des antécédents est à la somme des conséquents, comme un antécédent est à son conséquent.

91.

Réciproquement : une ligne qui partage deux côtés d'un triangle en parties proportionnelles, est parallèle au troisième côté.

Supposons que la ligne PQ (*fig.* 102) partage les côtés AB et AC du triangle BAC, de manière qu'on ait AP : PB : : AQ : QC, et que pourtant elle ne soit pas parallèle au troisième côté BC ; on pourrait mener par le point P une parallèle à BC, qui couperait AC au point K différent du point Q, et on aurait (n° 89) :

$$AP : PB : : AK : KC$$

or, on a déjà :

$$AP : PB : : AQ : QC$$

on aurait donc AQ : QC : : AK : KC. Or il est impossible que deux lignes AQ et QC conservent le même rapport, lorsque l'une augmente et devient AK, tandis que l'autre diminue et devient KC ; et puisque nous arrivons à cette conséquence absurde quand nous supposons que PQ n'est pas parallèle à BC, c'est que PQ doit être parallèle à BC.

92.

Construire une quatrième proportionnelle à trois droites données.

Trois droites étant données de longueur, on appelle *quatrième proportionnelle* à ces trois droites une quatrième droite dont le rapport avec une des trois premières est égal au rapport des deux autres. Ainsi, en désignant par A, B, C, les trois droites connues, et par X la droite que l'on cherche, cette dernière doit satisfaire à la proportion A : B :: C : X.

Si on avait évalué avec une unité de mesure quelconque, les grandeurs des trois lignes connues, et si on voulait connaître le nombre d'unités et de parties d'unité que contiendra X; il faudrait, d'après la règle donnée en arithmétique, multiplier entre eux les nombres qui représentent B et C, et diviser le produit par le nombre qui représente A. Par exemple, si A est de $8^m,53$, B de $6^m,3$ et C de $2^m,4$, le produit de B par C sera 15,12, et en le divisant par 8,53 on trouve que la ligne demandée X est de $1^m,77$.

Mais si on veut déduire par une construction géométrique la grandeur de X de celles des lignes A, B, C, on prend sur une droite indéfinie AH (*fig.* 103) une longueur AB égale à A, et à partir de son extrémité B, une longueur BC = B; puis menant par le point A la droite indéfinie AS, dans une direction quelconque, on prend AI = C, on tire la droite BI et on mène par le point C la droite CK parallèle à BI. La quatrième proportionnelle demandée est KI, car on a (n° 89) AB : BC : : AI : IK ou A : B : : C : IK.

Si les droites B et C avaient la même longueur, la proportion précédente deviendrait A : B : : B : IK. Alors la droite IK est appelée une *troisième proportionnelle* à A et B; du reste, on peut toujours la déterminer par la construction que nous venons d'indiquer pour une quatrième proportionnelle.

93.

Conditions de la similitude entre deux triangles.

Il n'est pas facile d'expliquer à quoi il tient qu'une figure en petit puisse nous représenter l'image parfaite d'une figure plus grande; par exemple, que le triangle *abc* (*fig.* 104) soit semblable au triangle ABC. C'est un sentiment naturel des propriétés de l'étendue, qui nous avertit que cette similitude entre les deux triangles ne peut exister qu'autant que les trois angles du plus petit sont respectivement égaux aux trois angles du plus grand; et que les côtés *homologues*, c'est-à-dire ceux qui sont opposés aux angles égaux dans les deux triangles, sont proportionnels entre eux; ce qui veut dire que le rapport de AB à *ab* est le même que celui de BC à *bc*, et de AC à *ac*. On conçoit naturellement en effet, qu'il n'y aurait pas de similitude entre les deux triangles, si le côté *ab* était les $\frac{3}{4}$ du côté homologue AB, tandis que *ac* serait les $\frac{2}{5}$ du côté AC, et *cb* le double de BC; et si par exemple on a AB : *ab* : : 10 : 13, il faut pour que les triangles soient semblables, qu'on ait aussi BC : *bc* : : 10 : 13 et AC : *ac* : : 10 : 13;

ou plus simplement que l'on ait $AB : ab :: BC : bc :: AC : ac$.

On nomme donc triangles *semblables*, ceux qui ont les angles égaux deux à deux, et les côtés homologues proportionnels. Or quand l'une de ces deux conditions se trouve remplie, la seconde l'est aussi nécessairement, comme nous allons le faire voir.

94.

Deux triangles qui ont les angles égaux deux à deux, ont les côtés homologues proportionnels.

Si les trois angles ABC, ACB et BAC (*fig.* 105), du triangle ABC sont respectivement égaux aux trois angles abc, acb, bac du triangle abc; je dis qu'on aura aussi $AB : ab :: BC : bc :: AC : ac$. En effet, je transporte le triangle abc de façon que sa base bc se place de C en H sur le prolongement de BC, son sommet a tombant au point I; et je prolonge BA et HI jusqu'à leur rencontre mutuelle au point R. La droite CI est parallèle à BR, parce que l'angle ICH égal à abc est aussi égal à ABC par la supposition. De même AC est parallèle à IH, parce que l'angle IHC égal à acb est aussi égal à ACB. On a donc (n° 89) les deux proportions $BC : CH :: AB : AR$ et $BC : CH :: RI : IH$, ce qui donne les trois rapports égaux $BC : CH :: AB : AR :: RI : IH$. Mais on a $CH = bc$, $AR = CI = ab$, $RI = AC$, et $IH = ac$. Donc on a $BC : bc :: AB : ab :: AC : ac$.

95.

Réciproquement, si deux triangles ont leurs côtés proportionnels, ils auront les angles égaux deux à deux.

Je suppose qu'on ait (*fig.* 106) AB : *ab* :: AC : *ac* :: BC : *bc*, je dis que l'on aura : l'angle A=*a*, l'angle ABC=*b*, et l'angle ACB=*c*. En effet, menons par les points B et C deux lignes BK et CK, qui fassent l'angle BCK égal à l'angle *bca*, et l'angle CBK égal à l'angle *abc* ; le triangle BCK sera semblable à *bac*, et nous allons faire voir qu'il est égal au triangle BAC (n° 94). Car les triangles BCK et *bac* étant équiangles, on a (n° 94) *bc* : BC :: *ab* : BK. D'un autre côté, nous avons par supposition *bc* : BC :: *ab* : AB. Ces deux proportions montrent qu'on a BK=AB. On prouvera de même que l'on a CK=AC. Ainsi les triangles BAC et BCK sont égaux l'un à l'autre, parce qu'ils ont leurs côtés égaux chacun à chacun. D'ailleurs le triangle BCK est équiangle à *bac*, donc BAC est aussi équiangle à *bac*.

96.

Deux triangles qui ont un angle égal compris entre côtés proportionnels sont semblables.

Si l'angle A (*fig.* 107) du triangle ABC, est égal à l'angle *a* du triangle *abc*, si de plus on a la proportion AB : *ab* :: AC : *ac* ; le triangle *bac* sera semblable au triangle BAC ; c'est-à-dire que ces deux triangles auront leurs angles égaux chacun à chacun et leurs côtés homologues proportionnels. En effet, je transporte le triangle *abc*, de façon que l'angle *a* recouvre l'angle A qui lui est égal, que le point *b* tombe au point O et le point *c* au point P. Comme on a AB : *ab* :: AC : *ac*, et que d'ailleurs AO = *ab* et AP = *ac*, on aura aussi AB : AO :: AC : AP ; donc OP est parallèle à BC (n° 91). Donc les deux angles AOP et APO, ou leurs égaux *b* et *c*, sont respectivement égaux à B et à C ; donc *abc* est équiangle à ABC, et par suite lui est semblable (n° 94).

97.

Deux droites parallèles, coupées par des sécantes qui se rencontrent en un point donné, sont divisées proportionnellement.

Deux droites parallèles PQ et BC (*fig.* 108), étant coupées aux points B, M, O, S, C, P, N, R, T, Q par des droites qui concourent au point A ; je dis que l'on aura la suite des rapports égaux : BM : PN :: MO : NR :: OS : RT :: SC : TQ. En effet les triangles BMA et PNA sont semblables, et on a la proportion BM : PN :: MA : NA ; de même on a MO : NR :: MA : NA ; donc à cause du rapport commun, on a BM : PN :: MO : NR. On prouvera de même qu'on a MO : NR :: OS : RT ; donc BM : PN :: MO : NR :: OS : RT, etc.

Cette proportion fournit un moyen de diviser une droite en parties égales. Par exemple, pour diviser une droite en 7 parties égales, on prendra de A en B (*fig.* 109), sur une droite indéfinie AX, 7 parties égales de grandeur quelconque. Puis, après avoir mené une parallèle à AX, on prendra sur cette parallèle une longueur OS, égale à la droite qu'on veut diviser en 7 parties égales. On joindra le point A au point O, et le point B au point S, par deux droites qui se rencontreront au point V. Cela fait, si on joint le point V aux points de division de la droite AB, par les droites VM, VN, VR, etc.; elles diviseront OS en 7 parties égales.

98.

La perpendiculaire abaissée du sommet de l'angle droit d'un triangle rectangle sur son hypothénuse, le partage en deux triangles qui lui sont semblables.

Abaissons du sommet de l'angle droit BAC (*fig.* 110), sur l'hypothénuse BC, la perpendiculaire AK qui partage l'hypothénuse en deux parties ou *segments* BK et KC. Le triangle BAK sera semblable à BAC; parce qu'ils ont l'angle ABK commun, et l'angle droit BKA égal à l'angle droit BAC; donc le troisième angle BAK du premier triangle est égal au troisième angle BCA du second, et ces deux triangles sont semblables entre eux.

On prouverait de même que le triangle CKA est semblable à BAC.

Les deux triangles BKA et CAK étant semblables à BAC, seront semblables entre eux; ce que l'on peut d'ailleurs prouver directement. Car l'angle BAK, complément de l'angle KAC, est égal à l'angle ACK qui est aussi le complément de KAC, et de même l'angle ABK est égal à KAC.

Corollaire I. Les triangles BAC et BAK étant équiangles, l'hypothénuse BC du premier, est à l'hypothénuse AB du second, comme le même côté AB opposé à l'angle BCA dans le premier triangle, est au côté BK opposé à l'angle BAK dans le second, et on a la proportion

$$BC : AB :: AB : BK$$

dans laquelle le côté AB est *moyenne proportionnelle* entre l'hypothénuse BC et le segment adjacent BK.

Le triangle KAC étant aussi équiangle avec BAC, on a de même la proportion

$$BC : AC :: AC : KC$$

Ainsi : *chaque côté du triangle rectangle est moyenne proportionnelle entre l'hypothénuse et le segment adjacent.*

Corollaire II. Puisque le triangle AKB est aussi équiangle avec AKC, le côté BK opposé à l'angle BAK dans le triangle AKB, est au côté AK opposé à l'angle ACK dans le triangle AKC, comme le même côté AK opposé à l'angle ABK dans le triangle AKB, est au côté KC opposé à l'angle CAK dans le triangle AKC ; et on a la proportion

$$BK : AK :: AK : KC$$

d'après laquelle *la perpendiculaire abaissée du sommet de l'angle droit sur l'hypothénuse, est moyenne proportionnelle entre les deux segments de cette hypothénuse.*

Corollaire III. D'après le corollaire I, on a les deux proportions BK : AB : : AB : BC et KC : AC : : AC : BC. Donc AB×AB=BK×BC ou $AB^2 =$ BK×BC; et de même $AC^2 =$ KC×BC. De ces deux égalités on tire $AB^2 + AC^2 =$ BC×BK+BC×CK, ou $AB^2 + AC^2 =$ BC×(BK+KC), ou

$$AB^2 + AC^2 = BC^2.$$

Donc : *dans tout triangle rectangle, le carré du nombre qui exprime combien l'hypothénuse contient d'unités de longueur et de parties d'unité, est égal à la somme des carrés des nombres qui représentent les deux côtés du triangle.*

99.

Construire une moyenne proportionnelle entre deux lignes droites.

Pour construire une moyenne proportionnelle entre deux lignes droites A et B, c'est-à-dire pour obtenir une droite X telle que l'on ait la proportion A : X : : X : B, tracez une droite AB (*fig.* 111), égale à A, prolongez-la de la quantité BC égale à B, décrivez sur AC, comme diamètre, une demi-circonférence, et élevez au point B, sur AC, une perpendiculaire qui rencontrera la demi-circonférence au point S. La droite BS est la moyenne proportionnelle demandée; car si on tire les droites AS et SC, l'angle ASC inscrit dans une demi-circonférence est un angle droit; donc (n° 98, corollaire II) on a

AB : BS : : BS : BC ou A : X : : X : B

Le premier corollaire de la proposition 98, citée, servirait aussi à construire une moyenne proportionnelle entre deux droites données.

Si on avait mesuré les lignes A et B avec une unité quelconque, on pourrait calculer aisément le nombre d'unités et de parties d'unité dont se composera la moyenne proportionnelle. Par exemple, si on a trouvé $A = 2^m,3$ et $B = 0^m,45$; la proportion $2,3 : X :: X : 0,45$ donne $X^2 = 2,3 \times 0,45$ ou $X^2 = 1,035$; et prenant la racine carrée de 1,035 à moins d'un centième près, on trouve $X = 1^m,01$.

PROBLÈMES.

100.

Calculer la longueur de la perpendiculaire abaissée du sommet de l'angle droit d'un triangle rectangle, sur l'hypothénuse, connaissant combien chacun des deux côtés contient d'unités et de parties d'unité.

Je suppose que le côté AB (*fig.* 110) du triangle ABC rectangle en A, soit de 3 mètres, et le côté AC de 4 mètres, et que l'on demande combien il y aura de mètres et de parties de mètre dans la perpendiculaire AK, abaissée du sommet A sur l'hypothénuse. D'abord on peut connaître facilement la longueur de BC, car on a : (n° 98, corollaire III), $BC^2 = AB^2 + AC^2$. Or $AB = 3$ et $AC = 4$, donc $AB^2 = 9$ et $CA^2 = 16$, d'où on conclut $BC^2 = 25$ et $BC = 5$. On peut maintenant calculer BK, car on a (n° 98, corollaire I) :

$$BK : AB :: AB : BC, \text{ ou } BK : 3 :: 3 : 5,$$
$$\text{donc } BK = \tfrac{9}{5}.$$

En retranchant BK ou $\tfrac{9}{5}$ de mètre, de BC qui contient 5 mètres, on trouve $KC = 3 + \tfrac{1}{5}$.

D'ailleurs on a (n° 98, corollaire II) $BK : AK :: AK : KC$ ou

$$\tfrac{9}{5} : AK :: AK : 3 + \tfrac{1}{5}.$$

On tire de là : $AK^2 = \tfrac{144}{25}$, et $AK = \tfrac{12}{5}$ de mètre ou $2^m, 4$.

101.

Calculer le contour du carré inscrit dans un cercle et celui du carré circonscrit.

On a vu (n° 86) qu'on obtient le carré ABCD (*fig.* 97) inscrit dans un cercle, en traçant deux diamètres AC et BD, perpendiculaires entre eux, et joignant leurs extrémités par des lignes droites.

Le triangle BAO étant rectangle en O, et de plus isocèle, le carré de BA est double de celui de AO (n° 98, coroll. III), et on a $AB^2 : AO^2 :: 2 : 1$, ou $AB : AO :: \sqrt{2} : 1$; car, lorsque quatre nombres sont en proportion, leurs racines carrées sont aussi en proportion (n° 90). *On calculera donc le côté du carré inscrit dans un cercle, en multipliant le rayon par la racine carrée de* 2. Par exemple, si le rayon est de $3^m, 5$, on multiplie 3,5 par la racine carrée de 2, qui est 1,41 à moins d'un centième près; le produit 4,935 exprime le côté du carré inscrit, dont le contour sera quatre fois 4,935 ou 19,740.

Si on avait voulu évaluer ce contour avec plus d'exactitude, il aurait fallu calculer la racine carrée de 2 avec un plus grand nombre de décimales. Si, par exemple, on pousse l'approximation jusqu'aux dix-millionièmes, on trouve que cette racine est 1,4142135. Multipliant le rayon du cercle par ce nombre, et quadruplant le produit, on aura le contour du carré inscrit. Donc, si on prend pour unité de longueur, le rayon même du cercle, le contour du carré inscrit sera égal à 4 fois 1,4142135 ou à 5,6568540.

En menant des tangentes au cercle par le sommet du carré inscrit, on formera le carré circonscrit, dont on reconnaît aisément que le côté est double du rayon, et le contour égal à huit fois le rayon.

102.

Calcul du contour d'un triangle équilatéral inscrit dans le cercle, et de celui du triangle équilatéral circonscrit.

Soient AB, BC, CD (*fig.* 98) trois cordes consécutives égales au rayon; AD sera un diamètre, puisque le rayon peut être porté 6 fois sur la circonférence (n° 87), et BD, qui sous-tend deux arcs BC et CD égaux au sixième du cercle, sera le côté du triangle équilatéral inscrit. L'angle ABD étant droit, on a $BD^2 = AD^2 - AB^2$ (n° 98, coroll. III); or, $AD^2 = 4 AB^2$, parce que le diamètre AD est double du rayon AB; donc $BD^2 = 4 AB^2 - AB^2$, ou $BD^2 = 3 AB^2$. Puisqu'on a $BD^2 : AB^2 :: 3 : 1$, on aura aussi BD : AB : : $\sqrt{3}$: 1. Ainsi, *pour calculer le côté du triangle équilatéral inscrit, on multipliera le rayon par la racine carrée de 3.* Par exemple, si le rayon est 6, on multiplie 6 par $\sqrt{3}$, qui est 1,73, à moins d'un centième près, et le nombre 31,14, égal à trois fois ce produit, représentera le contour du triangle.

Si on veut évaluer ce contour plus exactement, il faut mettre plus de décimales à la racine carrée de 3, qui est 1,7320508 à moins d'un dix-millionième près. Multipliant le rayon par ce nombre, et triplant le produit, on aura le contour du triangle équilatéral inscrit. Et si on prend pour unité de longueur le rayon même du cercle dans lequel est inscrit le triangle, on trouve que le contour de ce triangle est représenté par le nombre 5,1961524.

En menant des tangentes au cercle par les trois points F, D, B (*fig.* 98), qui sont les sommets du triangle équilatéral inscrit, on forme un triangle circonscrit. Il est facile de prouver que ce triangle est équilatéral, et que son contour est le double de celui du triangle équilatéral inscrit. Donc, en prenant le rayon du cercle pour unité de longueur, le contour du triangle équilatéral circonscrit, sera représenté par le nombre 10,3923048 qui est double de 5,1961524.

103.

On a mesuré le rayon d'un cercle et la longueur d'une corde, on demande de calculer la corde qui sous-tend un arc moitié de l'arc sous-tendu par la première corde.

Soit AB (*fig.* 112) la corde dont on connaît la

longueur. Abaissons du centre C la ligne CD perpendiculaire sur AB, et prolongeons-la jusqu'à la rencontre du cercle au point O. La corde qu'il faut calculer est AO. On calculera d'abord CD ; pour cela on ôtera du carré de AC, le carré de la ligne AD qui est la moitié de la ligne déjà mesurée AB. On aura ainsi le carré du nombre qui exprime CD, et on connaîtra CD en prenant la racine de ce carré. Retranchant CD du rayon CO, on connaîtra la longueur de DO ; on en fera le carré, on ajoutera ce carré à celui de DA, la somme sera le carré de la corde AO (n° 98, corollaire III), et en prenant la racine carrée de cette somme, on connaîtra le nombre d'unités et de parties d'unité contenues dans AO.

D'après cela, quand on a inscrit dans un cercle un polygone régulier d'un nombre quelconque de côtés, et que l'on a évalué le côté et le contour de ce polygone, comme nous venons de le faire (n°s 101, 102) pour le carré et le triangle équilatéral ; on peut ensuite calculer le côté et le contour d'un polygone régulier inscrit qui aurait deux fois plus de côtés que le premier polygone. Par exemple, ayant évalué le contour du carré inscrit, on peut évaluer successivement les contours des polygones réguliers de 8, de 16, 32, 64, 128, etc., cotés. Nous renverrons à des traités de géométrie plus approfondis pour le détail de ces calculs ; nous dirons seulement ici, qu'en calculant de la sorte, les contours des polygones réguliers inscrits de 3, 6, 12, 24, 48, etc., côtés, jusqu'à 12288 côtés ; on trouve que si on a pris le rayon du cercle pour unité de longueur, le contour du polygone régulier inscrit de 12288 côtés, sera exprimé par le nombre 6,2831852.

A mesure qu'on évalue les contours des polygones réguliers inscrits dans un cercle, on peut aussi évaluer ceux des polygones réguliers circonscrits, et on trouve que si on circonscrit un polygone régulier de 12288 côtés, au cercle dont le rayon est pris pour unité de longueur, le contour de ce polygone sera représenté par le nombre 6,2831854.

Les deux nombres 6,2831852 et 6,2831854 qui expriment l'un le contour du polygone régulier inscrit de 12288 côtés, l'autre celui du polygone circonscrit du même nombre de côtés, sont presque égaux, et ne diffèrent que dans les dix-millionièmes. C'est qu'à mesure que le polygone régulier inscrit et circonscrit ont un plus grand nombre de côtés, le contour du premier grandit, en restant toujours plus petit que la circonférence, et celui du second diminue en restant toujours plus grand que la circonférence qu'il enveloppe, de sorte que ces deux contours approchent à la fois d'être égaux l'un à l'autre, et égaux à la circonférence qu'ils comprennent entre eux.

104.

Construction et usage des échelles.

Quand on veut représenter sur le papier différentes lignes d'un terrain, par des droites qui leur soient proportionnelles, on fait usage d'une règle divisée en parties égales. Par exemple, si on a trouvé sur le terrain, que deux allées, l'une de 39 mètres, l'autre de 48 mètres se coupaient sous un angle de 18 degrés, et si on veut les représenter en petit sur le papier ; on tracera deux droites qui se coupent sous un angle de 18 degrés, puis on prendra sur une règle divisée, par exemple sur un demi-pied partagé en lignes, deux longueurs, l'une de 39 lignes, l'autre de 48 lignes, et on représentera par ces longueurs les côtés de l'angle de 18 degrés.

On pourrait se servir aussi d'un double décimètre partagé en millimètres, ou de toute autre mesure partagée en parties égales. Or, les longueurs que l'on prend ainsi sur une règle divisée, pour représenter en petit les lignes d'un terrain, ne doivent pas excéder certaines limites déterminées par la grandeur du papier sur lequel on dessine le terrain. Par exemple, si l'allée qu'on veut représenter a 458 mètres de longueur sur le terrain, on ne peut plus alors faire usage du demi-pied partagé en lignes, car une longueur de 458 lignes équivaut à plus de trois pieds, et ne peut pas être tracée sur un papier de dimension ordinaire. Il faudrait employer dans ce cas une règle divisée en parties égales assez petites, pour que 458 de ces parties n'occupassent pas une longueur trop grande sur le papier; mais la division d'une semblable règle serait très-difficile à exécuter, à cause de la petitesse des parties qui empêcherait de distinguer nettement leurs traits de séparation, et il vaut mieux alors faire usage des règles divisées qu'on appelle des échelles, et que l'on construit de la manière que nous allons indiquer.

Construisez le rectangle LMNO (*fig.* 113), divisez chacune des hauteurs LM et NO en 10 parties égales, et menez par les points de division des droites parallèles à MN, qui partageront le rectangle en 10 bandes égales. Partagez la base MN en un nombre quelconque de parties égales, par exemple, en 5 parties, et menez par les points de division des perpendiculaires à MN. Dans le rectangle QMLK, partagez les bases QM et KL en 10 parties égales, menez la transversale MV du sommet M à l'extrémité V de la première division LV dans la base supérieure ; et menez par les autres points de division de KL, et par ceux de QM, ainsi que le représente la figure, des transversales qui seront parallèles à VM. La transversale KP et la perpendiculaire KQ interceptent sur les droites qui ont été menées parallèlement à MN, des longueurs ab, cd, ef, gh, etc. La première ab est comprise 10 fois dans PQ, parce que Kb est la 10e partie de KQ, la seconde cd est double de ab, la troisième ef en est le triple, etc., ainsi de suite. La droite ab est à peine visible sur l'échelle divisée ; mais on distingue nettement les autres droites cd, ef, gh, etc. Comme QP est contenu 10 fois dans MQ, ab qui est contenu 10 fois dans QP, le sera 100 fois dans MQ ; et comme MQ est renfermé 5 fois dans MN, ab sera contenu 500 fois dans MN. On peut donc prendre sur l'échelle LMNO des droites qui contiennent ab depuis une fois jusqu'à 500 fois. Par exemple, si on veut une ligne qui contienne 473 fois ab, on placera une des pointes d'un compas à l'extrémité u de ur, qui est la troisième des droites parallèles à LO, et l'autre pointe au point x où cette parallèle est rencontrée par la 7e des transversales qui sont parallèles à KP. La droite ux ainsi obtenue contient 473 fois la ligne ab; car uf contient 400 fois ab, ex contient 70 fois ab et ef la contient 3 fois.

De même pour obtenir une ligne qui contienne 348 fois ab, on placera une des pointes d'un compas au point s, à la rencontre de ty avec la huitième droite parallèle à LO, et l'autre pointe au point z où cette parallèle est rencontrée par la 4ᵉ transversale parallèle à KP.

105.

Compas de proportion.

On appelle compas de proportion un instrument (*fig.* 114) composé de deux règles qui peuvent tourner à charnière autour d'un centre commun O. Deux droites AO et BO partant du point O, et égales en longueur, sont tracées sur chacune des deux règles, et sont divisées à partir du point O, en un même nombre de parties égales. Des numéros tracés le long de ces droites indiquent le rang de chaque division. Deux cents divisions fort petites peuvent se distinguer très-facilement sur une longueur d'environ un demi-pied. Cet instrument sert à différents usages. Par exemple, si on veut construire une 4ᵉ proportionnelle qui soit à une droite donnée dans le rapport de 129 à 140, on ouvre le compas de proportion d'une quantité telle que la distance ab des points de division marqués 140 sur les droites OA et OB soit égale à la droite donnée ; alors, on prend avec un compas ordinaire la longueur de la droite cd, qui sépare les points de division marqués 129. Cette distance est la 4ᵉ proportionnelle demandée ; car, en considérant les triangles semblables Ocd et Oab, on voit que cette distance est à la droite ab, qui est la droite donnée, dans le rapport de Oc à Oa, ou de 129 à 140.

106.

Compas de réduction.

Le compas de réduction (*fig.* 115) sert particulièrement, quand on veut remplacer les lignes d'une figure déjà tracée sur le papier, par d'autres lignes plus grandes ou plus petites qui leur soient proportionnelles. Il se compose de deux branches A*a* et B*b* égales en longueur, terminées en pointes, et pouvant former un angle plus ou moins ouvert autour de leur point d'intersection O. A l'aide de divisions tracées sur ces deux branches, et de rainures pratiquées dans l'épaisseur de chacune d'elles, on peut déplacer leur point O d'intersection, de manière que la longueur des deux branches égales OA et OB soit à celle des branches égales O*a* et O*b* dans un rapport quelconque. Par exemple, si on veut réduire dans le rapport de 29 à 15, une des lignes d'une figure, on place le centre O d'intersection, de manière que le rapport de O*a* à OA soit celui de 15 à 29 ; puis on ouvre le compas de manière que les deux pointes A et B portent sur les extrémités de la ligne que l'on veut réduire. Cela fait, la distance qui se trouve entre les deux pointes *a* et *b* est la longueur cherchée ; car, comme les triangles OAB et O*ab* sont semblables, cette distance *ab* est à la distance AB ou à la droite donnée, comme O*a* : OA ou : : 15 : 29.

107.

Mesurer la hauteur d'un édifice dont le pied seul est accessible.

On mesurera la distance d'un point A (*fig.* 116), choisi arbitrairement sur le terrain, au pied B de l'édifice ; puis, à l'aide du graphomètre (n° 26), on déterminera l'angle qu'une droite OS égale et parallèle à AB, ferait avec la droite OI menée du centre O du graphomètre au sommet I de l'édifice. On connaîtra donc les angles du triangle rectangle OSI, et on pourra construire sur le papier un triangle *osi* semblable au triangle OSI, et dans lequel le côté *os*, qui représente la longueur mesurée OS, aura un rapport déterminé avec cette longueur. Par exemple, si la ligne OS est de 150 mètres, on pourra donner à *os* une longueur de 150 millimètres. Cela fait, on mesure la ligne *is* sur le papier. Je suppose qu'on trouve *is* de 99 millimètres, on peut maintenant déterminer IS, car la similitude des triangles *ois* et OIS donne la proportion $os : OS :: is : IS$; ou, $1 : 1000 :: 99^{mm} : x$. D'où on conclut que IS est de 99 mètres. Il ne reste plus pour connaître la hauteur IB de l'édifice, qu'à ajouter à 90 mètres la hauteur AO du pied du graphomètre.

108.

Mesurer la distance d'un point donné à un point inaccessible.

Pour mesurer la distance d'un point donné A

(*fig.* 117), à un point B séparé du point A par quelque obstacle; par exemple : par une rivière, un fossé; on mesure dans la partie du terrain sur laquelle on peut opérer librement, et à partir du point A, une ligne AC de grandeur proportionnée à celle de la distance AB que l'ont veut connaître. Par exemple, on prendra AC de 248 mètres. Cela fait, en établissant le graphomètre (n° 26) successivement aux points A et C, on mesure les angles que fait la droite AC, avec deux droites AB et BC qui seraient dirigées des points A et C vers le point B. On peut maintenant construire sur le papier un triangle *abc* semblable au triangle ABC dont on connaît les trois angles. Je suppose que l'on ait pris pour représenter AC une ligne *ac* de 248 millimètres. On mesurera *ab* sur le papier, en millimètres; par exemple, on trouvera que *ab* est de 139 millimètres; et on déterminera AB par la proportion *ac* : AC : : *ab* : AB, ou 1 : 1000 : : 139^{mm} : AB; de laquelle on déduit que AB est de 139 mètres.

109.

Mesurer la distance mutuelle de deux points inaccessibles.

L'observateur qui est placé en A (*fig.* 118), et qui veut connaître la distance mutuelle des points B et C, qu'on suppose tous deux inaccessibles; déterminera les distances AC et AB, comme on vient de le dire dans le numéro précédent, et mesurera l'angle BAC à l'aide du graphomètre. Cela fait, il trace sur le papier un angle *a* égal à l'angle A, et prend sur les deux côtés de cet angle, à l'aide d'une échelle divisée, des longueurs ab et ac qui soient entre elles dans le rapport de AB à AC. Le triangle bac ainsi construit est semblable à BAC (n° 96), et on peut déterminer BC par la proportion ab : AB : : bc : BC, dans laquelle on connaît AB en mètres; et ab, bc, en parties de l'échelle divisée avec laquelle on a déterminé des longueurs proportionnelles à AB et AC.

XII.

Similitude des polygones en général. — Description de la planchette et son usage dans le lever des plans. — Similitude des polygones réguliers d'un même nombre de côtés. — Rapport des circonférences considérées comme des polygones réguliers d'un nombre infini de côtés. — Valeur approchée du rapport de la circonférence au diamètre.

Pour que deux polygones ABCDE, *abcde* (*fig.* 119) soient semblables entre eux, il faut que les angles A, B, C, D, E, du premier soient respectivement égaux aux angles *a, b, c, d, e*, du second; et en second lieu que les côtés homologues, c'est-à-dire ceux qui comprennent les angles égaux, soient proportionnels entre eux, de sorte qu'on ait la suite de rapports égaux :

$$AB : ab :: BC : bc :: CD : cd :: \text{etc.}$$

Ces deux conditions indiquées précédemment pour les triangles (n° 93), sont également nécessaires pour la similitude de deux polygones; mais on ne peut pas avancer pour un polygone quelconque comme pour un triangle, que si l'une des deux est remplie, l'autre le sera aussi. Ainsi, deux quadrilatères peuvent avoir les mêmes angles sans avoir les côtés proportionnels. Par exemple, dans un carré comme dans un rectangle, les quatre angles sont droits; mais le carré n'est pas semblable au rectangle, parce que le rapport de la base à la hauteur est égal à l'unité dans un carré, et différent de l'unité dans un rectangle. De même, deux quadrilatères dont les côtés seraient proportionnels ne seront pas semblables si les angles de l'un ne sont pas respectivement égaux aux angles de l'autre.

110.

Deux polygones sont semblables quand ils sont composés d'un même nombre de triangles semblables chacun à chacun, et pareillement disposés.

Supposons que les triangles ABC, ACD, etc., (*fig.* 120) dans lesquels le polygone ABCDEF se décompose, soient respectivement semblables aux triangles *abc*, *acd*, etc., dont se compose le polygone *abcdef*; je dis que ces polygones sont semblables entre eux. En effet, il est d'abord évident que tous les angles du premier polygone sont respectivement égaux aux angles du second; car le triangle ABC étant semblable au triangle *abc*, on a l'angle BCA$=bca$, et le triangle ACD, étant semblable à *acd*, on a l'angle ACD$=acd$. Donc l'angle BCD qui est la somme des angles BCA et ACD, est égal à l'angle *bcd* qui est la somme des angles *bca* et *acd*. De même on aura l'angle CDE $=cde$, l'angle DEF$=def$, etc. En second lieu, le rapport de deux côtés homologues quelconques CD et *cd*, est le même que celui des deux côtés consécutifs DE et *de*. Car les triangles semblables CDA et *cda* donnent la proportion CD : *cd* :: DA : *da*; et les triangles semblables DEA et *dea* donnent la proportion DA : *da* :: DE : *de*; et comme ces deux proportions ont un rapport commun, on en conclut la proportion CD : *cd* : : DE : *de*. On prouverait de même que l'on a DE : *de* : : EF : *ef*, etc.

111.

Réciproquement, deux polygones semblables sont composés d'un même nombre de triangles semblables chacun à chacun, et semblablement disposés.

Si les deux polygones ABCDEF, *abcdef* (*fig.* 120) sont semblables, c'est-à-dire si les angles ABC, BCD, etc., du premier, sont respectivement égaux aux angles *abc*, *bcd*, etc., du second ; et si de plus on a la suite de rapports égaux AB : *ab* : : BC : *bc* : : CD : *cd*, etc. ; je dis que les triangles ABC, ACD, ADE, etc. qui composent le premier polygone, seront respectivement semblables aux triangles *abc*, *acd*, *ade*, etc. qui composent le second.

D'abord les triangles ABC, *abc* sont semblables entre eux ; car on a l'angle ABC=*abc*, et les côtés AB, BC qui comprennent l'angle ABC, sont proportionnels aux côtés *ab*, *bc*, de l'angle *abc* (n° 96). Le triangle ACD sera aussi semblable à *acd*. Car l'angle BCD=*bcd*, par supposition ; l'angle BCA=*bca*, parce que le triangle BCA est semblable à *bca* comme on vient de le prouver ; donc l'angle ACD, différence des angles BCD et BCA, est égal à *acd*, différence des angles *bcd* et *bca*. De plus, les triangles semblables ABC et *abc* donnent la proportion BC : *bc* : : AC : *ac* ; et on a aussi BC : *bc* : : CD : *cd*, puisque les deux polygones sont supposés semblables entre eux ; ces deux proportions ayant un rapport commun, on en conclut la proportion AC : *ac* : : CD : *cd*. Donc les triangles

ACD et *acd* sont semblables, comme ayant un angle égal compris entre des côtés proportionnels. On prouverait de même que les triangles ADE, AEF sont respectivement semblables aux triangles *ade, aef*.

112.

De la planchette et de son usage pour le lever des plans.

Les différents points A, B, C, D, (*fig.* 121) etc. d'un terrain plat, peuvent être considérés comme les sommets d'un polygone, qui a pour côtés les distances mutuelles AB, BC, CD, etc. de ces points; et lever le plan d'un terrain, c'est tracer sur le papier un polygone *abcde...* semblable au polygone ABCDE...

On appelle planchette un rectangle de bois MNOH (*fig.* 121) parfaitement plat et uni, sur lequel on applique une feuille de papier pour dessiner le plan du terrain. La planchette est supportée par trois pieds *vx*, *vy*, *vz*, et peut prendre sur le terrain diverses inclinaisons. On la dispose de façon qu'en plaçant l'œil à l'un de ses bords, on aperçoive dans le prolongement de son plan les différents points du terrain que l'on veut dessiner.

La manière dont on fait usage de la planchette est fondée sur la proposition suivante, facile à démontrer, et que nous allons seulement énoncer : si on a construit sur une ligne AB (*fig.* 122) des triangles ACB, ADB, AEB, etc. en nombre quelconque; si d'autre part on a construit sur *ab* les triangles *acb, adb, aeb*, etc., respectivement semblables aux triangles ACB, ADB, AEB, etc.; le polygone CDEF déterminé par les sommets C, D, E, F, etc., des triangles construits sur AB, sera semblable au polygone *cdef*... déterminé par les sommets des triangles construits sur *ab*.

Cela posé, pour lever le plan du polygone ABCD.... (*fig.* 121) déterminé par les points A, B, C, D.... d'un terrain plat, on choisit dans le plan de ce terrain deux points P et Q dont on mesure la distance mutuelle; puis on tire sur la planchette MNOH une ligne *pq* qui soit avec PQ dans un rapport connu. Par exemple, si PQ est de 350 mètres, on donnera à *pq* une longueur de 350 millimètres, ou de 35 centimètres. Maintenant il ne reste plus qu'à construire sur *pq* des triangles *paq*, *pbq*, *pcq*, etc. respectivement semblables aux triangles PAQ, PBQ, PCQ, etc.; car d'après ce que nous venons de dire, le polygone *abcd*,.. etc., déterminé sur le papier par les sommets *a*, *b*, *c*, etc. de ces triangles, sera semblable à ABCD.... Pour cela on transporte d'abord la planchette au point P, et, à l'aide d'une alidade semblable à celle dont le graphomètre est muni (n° 26), on dispose la planchette de façon que les différents points A, B, C, D, du terrain soient aperçus dans le prolongement du plan du papier, et que le point Q en particulier soit vu dans le prolongement de la ligne *pq*. Cela fait, on tire du point *p* vers les points A, B, C, D, etc., les lignes *pi*, *pl*, *pm*, etc. Puis on transporte la planchette au point Q, on la dispose encore de façon que les points A, B, C, etc., soient aperçus dans le prolongement du plan du papier, et que du point *q* on aperçoive le point P sur le prolongement de *pq*, et on tire du point *q*, vers les points A, B, C,

D, etc., des lignes qui rencontrent les lignes *pi*, *pl*, *pm*, etc., respectivement aux points *a*, *b*, *c*, etc. Le polygone *abcd* ainsi déterminé, sera semblable à ABCD, etc., car le triangle *paq* est semblable à PAQ, parce que les angles *apq* et *aqp*, construits aux extrémités de la base *pq*, sont semblables aux angles APQ et AQP. De même les triangles *pbq*, *pcq*, etc., sont respectivement semblables aux triangles PBQ, PCQ, etc.

113.

Les polygones réguliers d'un même nombre de côtés sont semblables entre eux. Leurs côtés et leurs contours sont entre eux comme les rayons des cercles inscrits, ou comme ceux des cercles circonscrits.

La somme des angles d'un polygone étant égale à autant de fois deux droits qu'il a de côtés, moins deux (n° 84); cette somme est la même dans tous les polygones qui ont le même nombre de côtés. Si le polygone est régulier (page 113), on aura la grandeur commune de tous les angles, en divisant cette somme par le nombre des côtés, d'où on conclut déjà que deux polygones réguliers d'un même nombre de côtés ont les mêmes angles. Pour que les deux polygones soient semblables, il faut encore qu'ils aient leurs côtés homologues proportionnels. Or, cette condition est évidemment remplie, puisque tous les côtés de chaque polygone sont égaux entre eux.

Soient O et *o* (*fig.* 123) les centres des cercles circonscrits aux polygones réguliers ABCDEF,

abcdef, d'un même nombre de côtés (n° 85). Je mène les rayons OA, OB, et *oa*, *ob*, et j'abaisse sur AB et *ab* les perpendiculaires OH et *oh*, qui seront les rayons des cercles inscrits (n° 85). Les angles AOB et *aob* sont égaux parce que les deux polygones ont un même nombre de côtés. Donc les triangles isocèles ABO et *abo* sont semblables entre eux, ainsi que les triangles rectangles AOH et *aoh*, et on a les rapports égaux AB : *ab* : : AO : *ao* : : OH : *oh*. Donc quand deux polygones réguliers ont un même nombre de côtés, ces côtés et par conséquent les contours des polygones, sont entre eux, soit comme les rayons des cercles circonscrits, soit comme ceux des cercles inscrits.

114.

Les contours de deux cercles sont proportionnels à leurs rayons.

Si on divise deux cercles en un même nombre de parties égales (*fig.* 123), et si on joint de deux en deux les points de division, on formera ainsi deux polygones réguliers ABCD... *abcd*... dont les contours seront entre eux comme les rayons OA et *oa*, de ces circonférences. D'ailleurs (n° 103) les contours des polygones ainsi inscrits dans des circonférences, diffèrent d'autant moins des contours de ces circonférences elles-mêmes, qu'on les a divisées en un plus grand nombre de parties égales ; et on peut rendre le nombre des côtés des polygones inscrits assez grand pour que la différence entre chaque circonférence et le polygone inscrit soit moindre que toute quantité donnée.

Donc les contours des cercles sont aussi entre eux comme les rayons de ces cercles.

115.

Rapport des circonférences à leurs diamètres.

On vient de prouver que les rayons AO, ao (*fig.* 123) de deux circonférences, sont proportionnels à ces circonférences. Si on double les conséquents dans la proportion.

$$\text{cir. AO} : \text{cir. } ao :: \text{AO} : ao.$$

et si on change les moyens de place, on aura la proportion

$$\text{cir. AO} : 2\text{AO} :: \text{cir. } ao : 2ao,$$

ce qui signifie que le rapport entre la longueur de la circonférence dont le rayon est AO, et le diamètre 2AO, est le même que celui qui existe entre toute autre circonférence dont le rayon est ao et le diamètre $2ao$.

Nous avons dit (n° 103) que si on inscrit un polygone régulier de 12288 côtés, dans un cercle dont le rayon est représenté par le nombre 1, c'est-à-dire, est pris pour unité de longueur; le contour de ce polygone sera représenté par le nombre 6,2831852. On a vu aussi que le polygone régulier circonscrit au même cercle, et du même nombre de côtés, est représenté par le nombre 6,2831854. Comme le contour du cercle est plus petit que celui de tout polygone circonscrit et plus grand que celui de tout polygone inscrit, le nombre qui doit le représenter est aussi compris entre les nombres 6,2831852 et 6,2831854, et la quantité dont il diffère du nombre 6,2831853 intermédiaire entre les deux nombres précédents est moindre qu'un dix-millionième.

Puisque la circonférence du cercle dont le rayon est pris pour unité de longueur, est exprimée par le nombre 6,2831853 à moins d'un dix-millionième près, tandis que le diamètre est représenté par le nombre 2; la circonférence est au diamètre, comme le nombre 6,2831853 est au nombre 2. Ou plus simplement, en divisant par 2 les deux termes de ce rapport, la circonférence est au diamètre comme le nombre 3,1415926 est à 1. Ainsi, puisque ce rapport 3,1415926 n'est évalué que par approximation à moins d'un dix-millionième près, la circonférence est plus grande qu'une ligne droite qui contiendrait 3,1415926 fois la dix-millionième partie du diamètre, mais plus petite qu'une ligne droite qui contiendrait 3,1415927 fois cette dix-millionième partie.

Comme le rapport de la circonférence au diamètre reparaît continuellement dans la suite des mathématiques, il est toujours représenté par la lettre π. On emploie souvent dans le calcul, au lieu du nombre 3,1415926, des nombres qui approchent un peu moins de la véritable valeur de π, mais qui sont exprimés en termes plus simples. Ainsi le nombre $\frac{22}{7}$ réduit en décimales donnera 3,142, etc., et coïncide avec 3,1415926, etc., jusqu'aux centièmes inclusivement. On peut donc dire avec une approximation qui suffit dans un grand nombre de cas, que la circonférence contient la 7e partie du diamètre, plus de 21 fois et moins de 22 fois.

On dit aussi en termes moins simples, mais avec une plus grande approximation, que la circonférence contient 355 fois la 113ᵉ partie du diamètre. En effet, le nombre $\frac{355}{113}$ évalué en décimales, donne 3,1415929, etc., qui coïncide avec 3,1415926 jusqu'aux millionièmes inclusivement.

Première application numérique. On demande de calculer le contour du cercle qui a 20 mètres de rayon?

Si le contour de ce cercle ne doit pas être évalué avec une grande approximation, on prendra pour π le nombre $\frac{22}{7}$, qui représente à moins d'un centième près le rapport de la circonférence au diamètre; et on calculera les $\frac{22}{7}$ de 40. On trouve ainsi 125ᵐ,7 pour le contour du cercle qui a 20 mètres de rayon.

Deuxième application numérique. On demande de calculer le rayon d'un cercle qui a 33 mètres de contour?

Quand on connaît le rayon, et qu'on veut calculer le contour, on multiplie le double du rayon par un des nombres $\frac{22}{7}$, $\frac{355}{113}$, 3,1415926, qui expriment le rapport de la circonférence au diamètre à différents degrés d'approximation. Réciproquement si le contour est évalué, on aura le diamètre en divisant le nombre qui exprime le contour, par une de ces valeurs approchées de π. Par exemple, si on prend pour π le nombre $\frac{22}{7}$, on divisera 33 par $\frac{22}{7}$; on trouve ainsi que le cercle qui a 33 mètres de contour, a un diamètre de 10ᵐ, 5 et un rayon de 5ᵐ, 25.

116.

Les sécantes au cercle et leurs parties extérieures sont réciproquement proportionnelles.

Par le point A (*fig.* 124) on a mené deux sécantes qui rencontrent une circonférence aux points B et C, H et K. Si on tire les cordes CH et BK, les angles ACH et AKB sont égaux, car ils ont pour mesure la moitié de l'arc BH, et comme de plus l'angle A est commun aux deux triangles AHC et ABK, ces deux triangles sont semblables; et en comparant les côtés qui sont opposés aux angles égaux, on a la proportion.

$$AB : AH : : AK : AC$$

entre les sécantes entières AC et AK, et leurs parties extérieures AH et AB. Ainsi les sécantes entières sont réciproquement proportionnelles à leurs parties extérieures. Le mot *réciproquement* sert à rappeler que le rapport de la *première* sécante AC à la *seconde* sécante AK, est égal au rapport de la partie extérieure de la *seconde* sécante AK, à la partie extérieure de la *première* sécante AC. Autrement dit : que les deux sécantes totales sont toutes deux à la fois extrêmes ou moyens dans la proportion, tandis que les parties extérieures des sécantes sont toutes deux en même temps moyens ou extrêmes.

158 SÉCANTES ET TANGENTES AU CERCLE.

117.

La tangente au cercle est moyenne proportionnelle entre la sécante et sa partie extérieure.

La droite AB (*fig.* 125), touchant un cercle au point B ; et une sécante, menée par le point A, le coupant aux points D et C ; si on tire les cordes BD et BC, les triangles ABD et ACB ainsi formés seront semblables, car ils ont l'angle A commun, et l'angle ABD = BCA, comme ayant l'un et l'autre pour mesure la moitié de l'arc BD (n°s 51 et 52). Donc le côté AC opposé à l'angle ABC dans le triangle BAC, est au côté AB opposé à l'angle ADB dans le triangle BAD, comme le côté AB opposé à l'angle BCA dans le triangle BAC, est au côté AD opposé à l'angle ABD dans le triangle BAD, et on a

AC : AB : : AB : AD.

Ainsi la tangente AB est moyenne proportionnelle entre la sécante entière AC, et sa partie extérieure AD.

XIII.

Mesure des aires. — Rectangles et parallélogrammes ; triangles, trapèzes et polygones quelconques. — Polygones réguliers, et cercle considéré comme un polygone régulier d'un nombre infini de côtés. — Secteurs et segments circulaires.

Quand plusieurs figures sont juxtaposées de différentes façons, les figures différentes formées de leur assemblage ont même surface. Par exemple, si nous prolongeons le côté BA ((*fig.* 126) du rectangle BACD, d'une quantité AF égale à BA, et si nous joignons FC, le triangle BCF se composera de deux triangles égaux aux deux triangles BAC, BDC, qui composent le rectangle BACD, et aura même surface que ce rectangle.

On appelle *équivalentes*, les figures qui ont même surface ; et puisqu'on peut, sans changer la surface d'une figure, en déplacer les parties de toutes les manières possibles, des figures très-dissemblables peuvent être équivalentes. Ainsi, un triangle, un cercle, etc., peuvent être équivalents à un carré ; et on peut se proposer d'apprécier la grandeur d'une surface quelconque, en cherchant combien de fois elle contient une surface déterminée prise pour unité.

Les surfaces que l'on prend ordinairement pour unité sont des carrés dont le côté est égal à une des lignes qui servent de mesure pour les longueurs. Ainsi, mesurer une surface, c'est chercher combien de fois elle contient le carré dont le côté est égal, soit au mètre, au décimètre, au centimètre, etc.; soit au pied, au pouce, à la ligne.

On désigne les carrés qui servent de mesure pour les surfaces, en écrivant le mot *carré* à la suite du mot qui désigne l'unité de longueur que ce carré a pour côté; ainsi, on appelle *décimètre carré*, un carré qui a pour côté le décimètre, et on appelle mètre carré, pouce carré, ligne carrée, etc., les carrés qui ont pour côtés : le mètre, le pouce, la ligne, etc.

118.

La surface d'un rectangle a pour mesure le produit de sa base par sa hauteur.

Quand on a évalué la base et la hauteur d'un rectangle avec une unité de mesure quelconque; c'est-à-dire : quand on a cherché combien cette base et cette hauteur contiennent d'unités de longueur et de parties d'unité, si on multiplie entre eux les deux nombres ainsi obtenus, on aura la mesure du rectangle, c'est-à-dire le rapport de ce rectangle au carré qui a pour côté la mesure de longueur avec laquelle les côtés du rectangle ont été évalués.

Ordinairement, on énonce cette règle d'une manière abrégée, en disant : *un rectangle a pour mesure le produit de sa base par sa hauteur.*

Pour le démontrer, supposons d'abord que la base et la hauteur du rectangle contiennent chacune un nombre exact de fois l'unité de longueur; par exemple, que la base BC (*fig.* 127) contienne 7 mètres et que la hauteur en contienne 5. Par les points de division de BC et de AB, je mène des perpendiculaires à ces deux lignes. Le rectangle se trouve ainsi partagé en rectangles qui sont évidemment des mètres carrés, et le nombre de ces mètres carrés qui est 35, s'obtient en multipliant 7 par 5, c'est-à-dire en multipliant le nombre de mètres contenus dans la base par le nombre de mètres contenus dans la hauteur.

En second lieu, supposons que la base et la hauteur du rectangle contiennent plusieurs fois l'unité de longueur dont on a fait choix, et en outre des parties égales de cette unité; de sorte qu'elles soient représentées par des nombres fractionnaires. Par exemple, la base BC contiendra 7 pieds et $\frac{3}{4}$ de pied, et la hauteur AB contiendra 5 pieds et $\frac{2}{3}$ de pied. Alors, d'après la règle de multiplication que l'on donne en arithmétique, pour les nombres entiers accompagnés de fractions (1), je réduis $7\frac{3}{4}$ en quarts, ce qui donne $\frac{31}{4}$, et $5\frac{2}{3}$ en tiers, ce qui donne $\frac{17}{3}$; je multiplie 31 par 17 et 4 par 3, et je trouve ainsi $\frac{527}{12}$ pour le produit des deux nombres $7\frac{3}{4}$ et $5\frac{2}{3}$. Or, je dis que ce produit représente la surface du rectangle dont il s'agit, c'est-à-dire que ce rectangle contient 527 fois la 12ᵉ partie d'un pied carré. Pour le faire voir, je partage la base BC en 31 parties égales qui vaudront chacune $\frac{1}{4}$ de pied, puisque BC contient $\frac{31}{4}$ de pied; et la hauteur AB en 17 parties égales qui vaudront chacune $\frac{1}{3}$ de pied; et je mène par les points de division, des perpendiculaires sur AB et BC, qui partagent le rectangle en cases rectangulaires. Le nombre de ces cases est 31 fois 17 ou 527,

---

(1) *Arithmétique d'après le programme arrêté pour les classes d'humanités*, n° 65.

et j'ajoute : que chaque case est $\frac{1}{12}$ de pied carré ; car la hauteur commune de ces cases est $\frac{1}{3}$ de pied, et la base est $\frac{1}{4}$ de pied ; or, si on partage deux côtés contigus d'un pied carré, l'un en 3 parties égales, l'autre en 4, et si on mène des perpendiculaires à ces côtés par les points de division, on voit sans peine, que le pied carré contient 12 fois le rectangle dont la hauteur est $\frac{1}{3}$ de pied, et dont la base est $\frac{1}{4}$ de pied. Donc le rectangle ABCD contient 527 fois la 12ᵉ partie du pied carré ; autrement dit : sa surface est représentée par le nombre $\frac{527}{12}$, produit des deux nombres $7\frac{3}{4}$ et $5\frac{2}{3}$, par lesquels la base et la hauteur sont représentées.

Les raisonnements que nous venons de faire ne sont pas particuliers aux nombres $7\frac{3}{4}$ et $5\frac{2}{3}$; on les appliquera sans peine à tout autre rectangle, dont la base et la hauteur seraient représentées par des nombres fractionnaires différents de ceux que nous avons considérés.

Quand la base et la hauteur du rectangle seront exprimées par des nombres décimaux, le produit de ces deux nombres exprimera encore sa surface. Ainsi, la base contenant 3ᵐ,25, et la hauteur contenant 4ᵐ,2 ; le nombre 13,650 qui est le produit de ces deux nombres, indique que le rectangle dont il s'agit contient 13 mètres carrés et 650 fois la millième partie d'un mètre carré. Car les nombres 3,25 et 4,2 équivalent aux fractions ordinaires $\frac{325}{100}$ et $\frac{42}{10}$, dont le produit est $\frac{13650}{1000}$ ou 13,650 ; donc le cas où la base et la hauteur sont exprimées par des nombres décimaux, ne diffère pas de celui où elles le sont par des nombres fractionnaires. D'ailleurs, sans convertir les nombres décimaux en fractions ordinaires, on pourrait raisonner directement sur ces nombres. Pour cela, on partagerait la base du rectangle en 325 parties égales, qui vaudraient chacune un centimètre, et la hauteur en 42 parties égales à un décimètre ; et, menant par les points de division des perpendiculaires sur les côtés du rectangle, on verrait qu'il contient 325 fois 42 ou 13650 cases rectangulaires, qui sont chacune la millième partie du mètre carré, parce qu'elles ont un centimètre de base et un décimètre de hauteur.

Quand la base et la hauteur du rectangle n'ont pas de commune mesure avec le côté du carré choisi pour mesure de surface, il est encore vrai de dire que le produit de ces deux lignes représente la surface du rectangle ; en ce sens, que si on les évalue d'une manière approchée, le produit des nombres obtenus dans cette évaluation, exprimera la surface du rectangle avec d'autant moins d'erreur que cette base et cette hauteur auront été évaluées avec un plus haut degré d'approximation. Par exemple, si on a trouvé que la base est de $6^m,25$ à moins d'un centimètre près, et la hauteur de $3^m,425$ à moins d'un millimètre près, c'est-à-dire : que la base est comprise entre $6^m,25$ et $6^m,26$, et la hauteur entre $3^m,425$ et $3^m,426$; le produit de 6,25 et de 3,425 qui est 21,40625, exprime en mètres carrés, non pas la surface exacte de ce rectangle, mais celle d'un rectangle qui diffère très-peu de celui dont il s'agit, et qui en différerait encore moins si on avait évalué la base et la hauteur avec encore moins d'erreur qu'on ne l'a fait.

119.

Un parallélogramme a pour mesure le produit de sa base par sa hauteur.

On appelle hauteur d'un parallélogramme la distance de deux côtés parallèles. Construisons sur la base AD du parallélogramme ABCD (*fig.* 128), le rectangle ADKH qui a même base AD, et même hauteur DK que le parallélogramme. Le parallélogramme et le rectangle ont une partie commune ABKD; d'ailleurs les deux triangles ABH et CKD sont égaux entre eux, car on a : AB = CD, AH = DK, et de plus les angles BAH et CDK qui ont leurs côtés parallèles deux à deux et dirigés dans le même sens, sont égaux entre eux. Donc le parallélogramme ABCD est équivalent au rectangle ADKH ; mais le rectangle a pour mesure le produit de AD par DK ; donc le parallélogramme a pour mesure le produit de sa base AD par sa hauteur DK.

120.

La surface d'un triangle a pour mesure le produit de la base par la moitié de la hauteur.

On nomme hauteur d'un triangle la perpendiculaire CH (*fig.* 129) abaissée d'un sommet C sur le côté opposé AB. Construisons le parallélogramme ABOC qui a pour base AB, et pour hauteur CH. Sa surface est égale au produit de sa base par sa hauteur (n° 119). D'ailleurs, le triangle ACB étant égal à CBO, est la moitié du parallélogramme ;

donc le triangle ABC a pour mesure le produit de sa base AB par la moitié de sa hauteur CH.

Par exemple, si la base est de 2 pieds et $\frac{1}{5}$ de pied, et la hauteur de 17 pieds, on multipliera $2\frac{1}{5}$ par $\frac{17}{2}$ et le produit $\frac{119}{6}$ ou $19\frac{5}{6}$, indique que le triangle dont il s'agit contient 19 pieds carrés et $\frac{5}{6}$ de pied carré.

Pour mesurer la surface d'un polygone on le décompose en triangles (n° 83), on ajoute les nombres obtenus pour chaque triangle par la multiplication entre la base et la hauteur, et on prend la moitié de la somme.

121.

La surface d'un trapèze a pour mesure le produit de sa hauteur par la moitié de la somme de ses bases parallèles.

Soient AD et BC (*fig.* 130) les côtés parallèles d'un trapèze; je tire la diagonale BD qui le partage en deux triangles. La surface du triangle BAD a pour mesure le produit de sa base AD par la moitié de la perpendiculaire qui serait abaissée du point B sur AD et qui est la hauteur du trapèze; le triangle BDC a de même pour mesure le produit de sa base BC par la perpendiculaire qui serait abaissée du point D sur BC. Donc le trapèze, formé par la réunion des triangles BAD et CBD a pour mesure le produit de sa hauteur par la moitié de la somme des bases parallèles. Par exemple, si l'on a : AD$=6^{m},2$, BC$=11^{m},4$, et is la hauteur du trapèze est de $2^{m},7$, on ajoutera les nombres $6^{m},2$ et $11^{m},4$; on prendra la moitié de la somme, et en la multipliant par 2,7, on trouvera que la surface du trapèze exprimée en mètres carrés est $23^{m.\ c.},76$.

122.

La surface d'un polygone régulier a pour mesure le produit de son contour par la moitié du rayon du cercle inscrit, ou de l'apothème.

Soit K (*fig.* 131), le centre commun des cercles circonscrits et inscrits au polygone régulier ABCDEFG (n° 85). Je mène à ses sommets les rayons KA, KB, KC, etc., et j'abaisse sur BC, l'un de ses côtés, la perpendiculaire KP qui est le rayon du cercle inscrit ou l'apothème. Le triangle BKC a pour mesure le produit de BC par la moitié de KP; et de même chacun des triangles CKD, DKE,.... etc., a pour mesure le produit du côté qui lui sert de base par la moitié de l'apothème; donc le polygone a pour mesure le produit de son contour par la moitié de l'apothème.

123.

La surface du cercle a pour mesure le produit de sa circonférence par la moitié du rayon.

Le cercle peut être considéré comme un polygone régulier d'un nombre infini de côtés. Si on divise son contour en portions égales, et si on joint de deux en deux les points de division, on formera ainsi un polygone régulier inscrit, dont l'apothème, le contour et la surface différeront d'autant moins du rayon du cercle, de son contour, et de sa surface, que la circonférence aura été partagée en un plus grand nombre de parties égales; et on peut toujours rendre aussi petites qu'on le veut les différences qui subsistent entre ces quantités, en partageant le cercle en un nombre suffisamment grand de parties égales. Mais le polygone inscrit a pour mesure le produit de son contour par la moitié de l'apothème; donc la surface du cercle aura pour mesure le produit de la circonférence par la moitié du rayon.

On évalue le contour d'un cercle, en multipliant le double de son rayon, par le rapport de la circonférence au diamètre (n° 115); et d'après ce que nous venons de dire, si on multiplie le produit ainsi obtenu par la moitié du rayon, on connaîtra la surface du cercle. Or, ces opérations successives reviennent évidemment à former le carré du nombre qui représente le rayon, et à multiplier ce carré par le rapport de la circonférence au diamètre. Par exemple, je suppose que l'on veuille connaître en mètres carrés la surface du cercle qui a 3 mètres de rayon; on aura d'abord son contour en multipliant le nombre 6, qui est le double du rayon, par le nombre $\frac{22}{7}$, qui est une des valeurs approchées du rapport de la circonférence au diamètre (n° 115); le produit est $\frac{132}{7}$. Reste à le multiplier par le nombre $\frac{3}{2}$, moitié du rayon, et on trouve ainsi que la surface du cercle équivaut $\frac{198}{7}$ de mètre carré, ou à 28 mètres carrés et $\frac{2}{7}$ de mètres carrés. Or, on aurait obtenu plus rapidement ce résultat en multipliant le carré du rayon, qui est 9, par $\frac{22}{7}$.

Puisqu'on a la surface d'un cercle dont on connaît le rayon, en calculant le carré du rayon et le multipliant par le rapport de la circonférence au diamètre, si au contraire on connaissait la surface d'un cercle et qu'on voulût connaître le rayon, il faudrait diviser le nombre qui représente la surface par le rapport de la circonférence au diamètre, et extraire ensuite la racine carrée du quotient. Par exemple, si la surface est de 9 mètres carrés, je divise 9 par $\frac{22}{7}$; le quotient $\frac{63}{22}$ exprime le carré du rayon, et je trouve le rayon en prenant la racine carrée de $\frac{63}{22}$, qui est $\frac{37}{22}$, ou 1 et $\frac{15}{22}$, à moins de $\frac{1}{22}$ près.

Corollaire I. On appelle *secteur circulaire* la portion du cercle comprise entre deux rayons. La surface d'un secteur est à celle du cercle entier comme la longueur de l'arc qui lui sert de base est à la longueur entière de la circonférence; et puisque le cercle entier a pour mesure le produit de son contour par la moitié du rayon, on conclut aisément de cette proportion que le secteur a pour mesure le produit de l'arc qui en est la base par la moitié du rayon.

En retranchant de la surface d'un secteur circulaire, celle du triangle isocèle qui a son sommet au centre du cercle et pour base la corde qui sous-tend l'arc du secteur, on connaîtra la surface comprise entre l'arc et la corde. Cette surface se nomme un *segment* de cercle.

124.

Les surfaces de deux triangles semblables sont entre elles, dans un rapport égal à celui des carrés de deux côtés homologues.

En général, pour connaître le rapport des surfaces de deux figures, il faut calculer séparément chacune d'elles, et diviser le nombre qui exprime

MESURE DES SURFACES. 169

la première par celui qui exprime la seconde. Mais pour deux triangles semblables, le rapport des surfaces peut s'obtenir plus facilement ; il est égal au rapport des carrés des nombres qui expriment deux côtés homologues. En effet, soient BAC et *bac* (*fig.* 132), deux triangles semblables ; si j'abaisse les hauteurs BH et *bh*, les triangles ABH et *abh* seront semblables, et on aura :

$$BH : bh :: AB : ab.$$

Mais on a aussi :

$$AC : ac :: AB : ab.$$

Je multiplie ces deux proportions terme à terme (n° 90), après avoir divisé par 2 les lignes BH et *bh* ; il vient :

$$\tfrac{1}{2} BH \times AC : \tfrac{1}{2} bh \times ac :: AB^2 : ab^2.$$

Or, les produits $\tfrac{1}{2} BH \times AC$ et $\tfrac{1}{2} bh \times ac$, expriment les surfaces des triangles ABC et *abc*, donc :

$$ABC : abc :: AB^2 : ab^2.$$

Par exemple, si on a $AB = 2\tfrac{1}{2}$ et $ab = 3\tfrac{1}{4}$, on aura $ABC : abc :: \tfrac{25}{4} : \tfrac{169}{16}$, ou $ABC : abc :: 100 : 169$.

125.

Deux polygones semblables sont entre eux comme les carrés des côtés homologues ; et deux cercles comme les carrés des rayons.

Les deux polygones semblables ABCDEF, *abcdef*

(*fig.* 120), sont composés d'un même nombre de triangles semblables chacun à chacun, et semblablement placés (n° 111) ; on a donc :

$$ABC : abc :: BC^2 : bc^2$$
$$ACD : acd :: CD^2 : cd^2$$
$$ADE : ade :: DE^2 : de^2$$
etc...

Les seconds rapports de ces proportions sont égaux, puisque les deux polygones ont les côtés homologues proportionnels ; donc les premiers rapports sont aussi égaux, et on a : ABC : *abc* :: ACD : *acd* :: ADE : *ade*, etc. D'où on conclut (n° 90) :

$$ABC+ACD+ADE\ldots \text{etc.} : abc+acd+ade :: ABC : abc,$$

ou bien

$$ABCDEF : abcdef :: AB^2 : ab^2.$$

Si les polygones sont réguliers et d'un même nombre de côtés, le rapport des carrés de leurs côtés sera égal au rapport des carrés des rayons des cercles circonscrits (n° 113) ; d'ailleurs, on peut considérer deux cercles comme des polygones réguliers d'un nombre infini de côtés. Donc *les surfaces de deux cercles sont entre elles comme les carrés de leurs rayons ;* ce qui résulterait aussi de ce que la surface d'un cercle est égale au carré de son rayon multiplié par le rapport constant de la circonférence à son diamètre (n° 123).

126.

La surface du carré construit sur l'hypothénuse d'un triangle rectangle est égale à la somme des surfaces des carrés construits sur les deux côtés.

On a vu (n° 98) que le carré du nombre d'unités linéaires contenues dans l'hypothénuse d'un triangle rectangle, est égal à la somme des carrés des nombres d'unités linéaires contenues dans les deux côtés. D'ailleurs (n° 118) le carré du nombre d'unités linéaires contenues dans une ligne, exprime en unités de superficie la surface du carré construit sur cette ligne. On conclut de ces deux propositions que la surface du carré construit sur l'hypothénuse d'un triangle rectangle, est égale à la somme des carrés construits sur les deux côtés. Mais cette proposition importante peut se démontrer directement de la manière suivante.

Construisons sur les trois côtés du triangle BAC (*fig.* 133) rectangle en B, les trois carrés ACDE, BCHI, ABKL, et abaissons du point B, sur AC, la perpendiculaire BG qui rencontre DE au point F. Le carré ACDE sera ainsi partagé en deux rectangles AGFE et GCDF; or, nous allons reconnaître que le premier rectangle est équivalent au carré ABKL, et le second au carré BCHI, de sorte que le carré entier ACDE équivaut à la somme des deux autres. En effet, si on joint LC et BE, on forme les deux triangles LAC et BAE qui sont égaux, parce que les angles LAC et BAE composés de l'angle commun BAC et d'un angle droit, sont égaux l'un à l'autre, et que de plus on a AB = AL et AC = AE. D'ailleurs le premier de ces triangles a même base AL que le carré ABKL, et même hauteur, puisque son sommet C est sur le prolongement de BK, base supérieure du carré; donc ce triangle est moitié du carré ABKL (n° 120). Par une raison semblable, le triangle ABE est moitié du rectangle AGFE. Donc le carré ABKL et le rectangle AGFE qui ont chacun une surface double de celle des triangles égaux LAC et BAE sont équivalents entre eux. On prouverait de même que le carré BCHI est équivalent au rectangle DCGF.

PROBLÈMES.

127.

Construire un carré équivalent à la somme de deux autres carrés, ou à leur différence.

Pour faire un carré équivalent à la somme de deux carrés donnés, je prends sur les deux côtés d'un angle droit à partir du sommet Q (*fig.* 63), deux lignes PQ et QR, égales respectivement aux deux côtés des carrés donnés, et je tire l'hypothénuse PR dont le carré sera équivalent à la somme des deux carrés donnés.

Pour faire un carré équivalent à la différence de deux carrés donnés, prenons sur un des côtés d'un angle droit Q (*fig.* 63), et à partir du sommet, la ligne PQ égale au côté du plus petit des carrés donnés. Décrivons du point P comme centre et d'un rayon égal au côté du plus grand des carrés donnés, un arc qui coupe le second côté de l'angle droit au point R; le carré de QR sera le carré demandé. Car si on joint PR, on a $PR^2 = PQ^2 + QR^2$; donc le carré de QR est équivalent à l'excès du carré de PR sur le carré de PQ.

128.

On demande de changer un polygone en un triangle équivalent.

Considérons le pentagone ABCDE (*fig.* 134); tirons la diagonale CA, et menons par le point B une parallèle à CA qui rencontrera au point K le prolongement de AE; joignons le point C au point K. Le triangle BCA est équivalent au triangle KCA, parce qu'ils ont même base CA, et même hauteur, leurs sommets étant situés sur une parallèle à CA. On pourra donc remplacer le pentagone ABCDE par le quadrilatère KCDE. On pourra ensuite remplacer de même le quadrilatère par un triangle.

129.

Changer un triangle en un carré équivalent.

Je désigne par X le côté du carré demandé qui doit être équivalent au triangle donné, par B la base de ce triangle et par H sa hauteur. La surface d'un carré est exprimée en unités de superficie par le carré arithmétique de son côté (n° 118), et celle du triangle par le produit de sa base et de sa demi-hauteur. Ces deux produits numériques doivent être égaux, pour que la surface du carré soit équivalente à celle du rectangle. Or, cette égalité revient à la proportion

$$H : X :: X : \frac{B}{2}$$

Donc, pour avoir le côté du carré demandé, il faut chercher une moyenne proportionnelle entre H et la moitié de B.

Par exemple, si H est de $2^m,5$, et B de $3^m,4$, on multipliera $2^m,5$, par la moitié de $3^m,4$, ce qui donne 4,25; et en prenant la racine carrée de ce produit, on trouve que le côté du carré cherché est $2^m,06$ à moins d'un centimètre près.

Mais si on veut, par une construction géométrique, conclure la longueur de X de celles de H et de B, sans qu'il soit besoin d'évaluer ces deux dernières lignes avec une mesure quelconque, on prendra sur la même ligne droite deux longueurs AB et BC (*fig.* 111), égales, l'une à H, l'autre à la moitié de B; on décrira sur AC comme diamètre une demi-circonférence, et on élèvera au point B sur AC une perpendiculaire dont la longueur BS comprise entre AC et la demi-circonférence, est la ligne X demandée (n° 99).

Pour changer un parallélogramme en un carré équivalent; on calculera ou bien on construira de même une moyenne proportionnelle entre la base et la hauteur entière.

Pour changer un trapèze en un carré équivalent, on prendra la moyenne proportionnelle entre la hauteur et la demi-somme des bases parallèles (n° 121).

130.

Elever sur une base donnée un rectangle équivalent à un rectangle donné.

Pour élever sur une base donnée que je désigne par B, un rectangle équivalent à un autre rectangle donné, dont nous appellerons M la base et N la hauteur, j'observe que si on désigne par X la hauteur inconnue de ce rectangle, il faut que le produit de B par X soit égal à celui de M par N (n° 118), égalité qui revient à la proportion

$$B : M : N : X$$

d'où on voit qu'on obtiendra la hauteur demandée, en cherchant une 4ᵉ proportionnelle aux lignes connues B, M, N (n° 92.)

131.

Construire un rectangle dont la surface soit égale à celle d'un carré donné, et dont la base et la hauteur réunies fassent en somme une ligne égale à une ligne donnée.

Soit AB (*fig.* 135), la ligne donnée, qui doit être égale à la somme de la base et de la hauteur demandées. J'élève sur AB, au point A, une perpendiculaire AS égale au côté du carré auquel ce rectangle doit être équivalent. Je décris sur AB comme diamètre une demi-circonférence, et je mène par le point S une parallèle à AB, qui rencontre la demi-circonférence au point I. J'abaisse la droite IH, perpendiculaire sur AB; et les deux droites AH et BH ainsi déterminées, sont la base et la hauteur demandées. Car leur somme est égale à la ligne donnée AB; et comme on a la proportion AH : HI :: HI : HB (n° 98), la surface du rectangle construit sur AH et HB, qui a pour mesure le produit AH × HB, sera égale à celle du carré construit sur HI, qui a pour mesure HI × HI.

Si la ligne donnée AB (*fig.* 136) devait être non pas la somme, mais la différence entre la base et la hauteur du rectangle qui doit être équivalent au carré construit sur AS; par le point S et par le centre du cercle décrit sur AB comme diamètre, on mènerait une sécante qui rencontrerait ce cercle aux points O et K. Les droites SO et SK seraient les côtés du rectangle demandé; car leur différence OK est égale à la ligne donnée AB, et le produit de SO par SK est égal au carré de la tangente AS (n° 117).

QUESTIONS A RÉSOUDRE.

1° Tracer toutes les droites qui touchent à la fois deux cercles donnés de grandeur et de position. Autrement dit : mener une tangente commune à deux cercles déterminés de grandeur et de position.

2° Inscrire un carré dans un triangle, c'est-à-dire : décrire un triangle qui ait deux de ses sommets sur un des côtés du triangle, et ses deux autres sommets sur les deux autres côtés.

3° Construire un carré tel que le rapport de sa surface, à celle d'un carré connu, soit égal au rapport de deux nombres connus.

4° Trouver dans l'intérieur d'un triangle un point tel que les trois triangles qui auront ce point pour sommet et pour bases les trois côtés du triangle donné, soient équivalents entre eux.

5° Partager une ligne droite de longueur connue en deux parties, telles que la somme des carrés construits sur chacune des deux parties soit équivalente à un carré donné.

6° Deux parallèles étant données de position, trouver sur l'une d'elles un point tel, que si on le joint par deux droites à deux points pareillement déterminés de position, le triangle intercepté entre ces deux droites et la seconde parallèle, soit équivalent à un carré donné.

7° Tracer dans un cercle une corde qui coupe un diamètre déterminé, sous un angle égal à un angle donné, et qui soit divisée par ce diamètre en deux parties dont le rapport soit égal à celui de deux nombres connus.

8° Par deux points donnés sur une circonférence, mener deux cordes parallèles entre elles, de manière que le trapèze qui a ces deux cordes pour côtés parallèles, soit équivalent à un carré donné.

GÉOMÉTRIE DANS L'ESPACE.

XIV.

Propriétés générales des droites perpendiculaires et obliques à un plan. — Des angles dièdres et des plans perpendiculaires entre eux. — Des plans parallèles. — Des angles trièdres et polyèdres. — Description du fil à plomb et du niveau.

Nous n'avons étudié jusqu'à présent que les figures planes, c'est-à-dire celles dont toutes les lignes sont situées sur un même plan. Mais comme les lignes droites que l'on peut considérer à la surface et dans l'intérieur d'un corps de forme quelconque, sont situées généralement dans des plans distincts les uns des autres; nous considérerons maintenant des lignes dirigées d'une manière quelconque dans l'espace, et situées dans des plans différents; et nous établirons plusieurs propositions indispensables pour passer à l'étude des volumes, qui termine la géométrie élémentaire.

132.

On ne peut faire passer qu'un seul plan par trois points qui ne sont pas situés en ligne droite. L'intersection de deux plans est une ligne droite.

Si l'on joint deux points par une ligne droite, on pourra faire passer par cette ligne une infinité de plans qui contiendront ces deux points; mais si on fixe hors de cette ligne un troisième point que le plan doive contenir aussi, ce plan se trouve entièrement déterminé.

On appelle intersection de deux plans la série des points qui se trouvent situés à la fois sur les deux plans. Tous les points A, B, C, etc. (*fig.* 137), qui sont situés à la fois sur les deux plans MN et PQ, sont situés en ligne droite; car, d'après ce qui précède, si le point C, par exemple, n'était pas situé sur la ligne droite qui joint le point A au point B, les deux plans MN et PQ, passant par trois points non en ligne droite, ne feraient qu'un seul et même plan.

133.

Une ligne droite qui est perpendiculaire à deux droites menées par son pied dans un plan, est perpendiculaire à toute autre droite menée par son pied dans le même plan.

Si une droite AB (*fig.* 138) est perpendiculaire à la fois à deux droites BC et BO, menées dans le plan PQ par le point B, où elle rencontre ce plan;

elle sera perpendiculaire à toute autre ligne BS, menée par le point B dans le plan PQ. En effet, menons dans le plan PQ, une ligne droite qui coupe aux points C, D, O, les trois droites menées par le point B dans ce plan. Prolongeons AB au-dessous du plan PQ de la quantité BK = AB, et tirons les lignes AO, AD, AC, et KO, KD, KC. Nous aurons AO = OK, puisque BO est perpendiculaire sur le milieu de AK; et de même AC = CK. Donc le triangle ACO est égal au triangle CKO, et on a l'angle AOD = DOK. Les triangles AOD et DOK ont donc un angle égal compris entre des côtés égaux. Donc AD = DK, et la ligne BD est perpendiculaire sur AK, puisqu'elle va du sommet D du triangle isocèle ADK, au milieu de la base AK.

Quand une droite est, ainsi que la droite AB, perpendiculaire à toutes les lignes que l'on peut mener dans un plan par le point où elle rencontre ce plan, on dit: qu'elle est *perpendiculaire au plan*, et le point où elle rencontre ce plan se nomme le *pied* de la perpendiculaire.

134.

Par un point situé sur un plan, ou par un point extérieur, on ne peut mener qu'une seule droite perpendiculaire sur ce plan.

Supposons que par le point A (*fig.* 139), pris sur le plan MN, on puisse élever sur ce plan deux perpendiculaires AB et AC; si on fait passer par ces deux droites un plan qui rencontre le plan MN suivant la droite AS, les deux angles BAS et CAS seront droits, et la partie sera égale au tout.

Donc les droites AB et AC ne peuvent pas être toutes les deux perpendiculaires sur le plan MN, au même point A.

En second lieu, on ne peut pas abaisser d'un même point deux perpendiculaires sur un même plan ; car si cela se pouvait et si on joignait leurs pieds par une ligne droite, on aurait deux perpendiculaires abaissées d'un même point sur une même ligne droite, ce qui est impossible.

135.

Les obliques également éloignées du pied de la perpendiculaire sont égales. De deux obliques, la plus grande est celle qui s'écarte le plus du pied de la perpendiculaire.

Si les obliques AC, AD, AE, etc. (*fig.* 140), s'écartent également du pied de la perpendiculaire au plan MN ; c'est-à-dire si les droites PC, PD, PE, etc., qui joignent les pieds des obliques au pied de la perpendiculaire, sont égales entre elles; ces obliques seront égales. Car les triangles APC, APD, APE, etc., qui ont les côtés PC, PD, PE, etc., égaux entre eux, le côté AP commun, et qui sont rectangles en P, sont égaux entre eux. Donc AC= AD=AE.

Réciproquement. Si deux obliques AC, AD, sont égales entre elles, les triangles rectangles APC, APD, sont égaux comme ayant l'hypothénuse égale et le côté AP commun ; donc PC=PD. Donc *les obliques qui sont égales s'écartent également du pied de la perpendiculaire.*

Si l'oblique AS (*fig.* 140) est plus éloignée que

l'oblique AD du pied de la perpendiculaire AP ; c'est-à-dire si PS est plus grand que PD, on aura AS > AD. Car si je prends PK = PD, et si je tire l'oblique AK, on a AS > AK (n° 29), mais AK = AD puisque PK = PD par construction, donc AS est plus grand que AD.

Pour mener d'un point extérieur une perpendiculaire sur un plan, on marquera sur ce plan trois points également éloignés du point donné ; on fera passer une circonférence par ces trois points, et le centre de cette circonférence, sera le pied de la perpendiculaire demandée. Car le pied de la perpendiculaire doit être à égale distance des pieds des obliques égales.

136.

Si on mène à un plan, par un point extérieur, une perpendiculaire et une oblique, et si par le pied de l'oblique on tire dans le plan une droite perpendiculaire à celle qui joint le pied de la perpendiculaire au pied de l'oblique, je dis que l'oblique sera perpendiculaire sur la droite ainsi tracée.

Les droites AB et AS (*fig.* 141) étant l'une perpendiculaire, l'autre oblique au plan MN ; si je mène par le point S, dans le plan MN, une droite OK perpendiculaire sur la droite BS, qui joint le pied de l'oblique, au pied de la perpendiculaire ; je dis que la droite AS sera perpendiculaire sur OK. Pour le prouver, je prends SV = SH, et je tire les lignes BV, BH, et AV, AH. Les droites BV et BH sont égales comme obliques également écartées du pied de la perpendiculaire BS. Donc les droites AV et AH s'écartent également du pied de la perpendiculaire AB, et sont égales (n° 135); donc AS est perpendiculaire sur VH.

137.

Une ligne droite qui est parallèle à une autre ligne droite située dans un plan, est parallèle à ce plan.

La droite AB (*fig.* 142) située hors du plan PQ, étant parallèle à la droite CD, qui est située dans le plan PQ, ne pourrait pas rencontrer quelque part le plan PQ, sans rencontrer en même temps la droite CD, puisque CD est l'intersection du plan PQ avec le plan des parallèles AB et CD; donc AB ne peut rencontrer nulle part le plan PQ, et lui est parallèle.

138.

Deux angles situés dans des plans différents sont égaux, quand ils ont les côtés parallèles et dirigés dans le même sens.

On suppose que les côtés AB et AC (*fig.* 143) de l'angle BAC, sont respectivement parallèles aux côtés EL et EF de l'angle LEF, et dirigés dans le même sens; et il faut prouver que ces deux angles sont égaux. Je joins par une droite les sommets A et E; par le point K, milieu de AE, je mène, dans le plan des parallèles AB et EL, une sécante qui rencontre aux points M et P la ligne AB et le prolongement de sa parallèle EL; et dans le plan des parallèles AC et EF une seconde sécante, qui rencontre aux points N et O, la ligne AC et le prolongement de sa parallèle EF. Je tire les lignes MN et OP. Les triangles AKM et KPE sont égaux ; car le côté AK=KE, les angles AKM et PKE sont égaux, comme opposés par le sommet, et les angles MAK et PEK sont aussi égaux comme alternes internes ; donc AM=PE et KM=KP. On prouvera de même que l'on a AN=OE, et KN=KO. D'ailleurs, l'angle MKN étant égal à l'angle OKP comme opposé par le sommet, les triangles MKN et KOP ont un angle égal compris entre côtés égaux, et l'on a MN=OP. Donc les triangles AMN et OPE ont leurs trois côtés égaux deux à deux, et l'angle OEP est égal à MAN. Donc l'angle LEF égal à OEP, comme opposé par le sommet, est égal à BAC.

139.

Quand une droite est perpendiculaire sur un plan, toute autre droite parallèle à la première est aussi perpendiculaire à ce plan.

La ligne AB (*fig.* 144) étant perpendiculaire au plan PQ, toute ligne CD parallèle à AB, sera aussi perpendiculaire au plan PQ. En effet, par les points A et C, qui sont les pieds de ces deux droites, je mène dans le plan PQ deux droites AO et CK parallèles entre elles. L'angle BAO est droit, puisque BA est perpendiculaire au plan PQ ; donc l'angle DCK qui a ses côtés parallèles à ceux de l'angle BAO, et dirigés dans le même sens, est droit aussi (n° 138). Donc CD, qui est perpendiculaire à toute droite CK menée par son pied dans le plan PQ, est perpendiculaire sur ce plan.

140.

Deux lignes, perpendiculaires au même plan, sont parallèles.

Car, si cela n'était pas, on pourrait mener par le pied de l'une des perpendiculaires une droite parallèle à la seconde perpendiculaire. Cette droite serait aussi perpendiculaire au plan (n° 139), et il y aurait deux perpendiculaires élevées sur un plan par le même point, ce qui est impossible.

Deux lignes parallèles à une troisième sont parallèles entre elles. Car, si on mène un plan perpendiculaire à la troisième, les deux premières seront perpendiculaires sur ce plan (n° 139); donc elles seront parallèles.

———

On appelle angle *dièdre* l'espace renfermé entre deux plans qui se coupent.

Pour apprécier l'inclinaison mutuelle d'un plan PQ (*fig.* 145), et d'un second plan MN, on choisit à volonté sur l'intersection des deux plans, un point R par lequel on mène à cette intersection deux perpendiculaires RT et RS, situées l'une dans le plan MN, l'autre dans le plan PQ. L'angle TRS que font entre elles ces deux lignes représente l'inclinaison mutuelle des deux plans. S'il est droit, les deux plans sont dits perpendiculaires entre eux.

Le point R est choisi à volonté sur l'intersection des deux plans, parce que si on y prenait un point O différent du point R, pour mener dans chaque plan les lignes IO et KO perpendiculaires sur l'intersection ; l'angle KOI formé par ces lignes, aurait ses côtés parallèles à ceux de l'angle TRS et dirigés dans le même sens, et serait par conséquent égal à cet angle (n° 138).

141.

Une droite étant perpendiculaire sur un plan, tout plan qui passe par cette droite est perpendiculaire sur le premier.

La droite OS (*fig.* 146) étant perpendiculaire sur le plan PQ ; je dis que tout plan MN qui passe par la droite OS, est perpendiculaire sur le plan PQ. Car, si par le point O, pied de la perpendiculaire, on mène dans le plan PQ une ligne OH perpendiculaire sur l'intersection MK du plan MN avec le plan PQ, l'angle SOH mesurera l'inclinaison mutuelle de ces deux plans (n° 140). Et comme cet angle est droit, puisque la droite SO est perpendiculaire sur le plan PQ, ces deux plans sont perpendiculaires entre eux.

142.

Si deux plans sont perpendiculaires l'un à l'autre, et si dans l'un de ces deux plans, on trace une droite perpendiculaire sur leur commune intersection, cette droite sera perpendiculaire au second plan.

Soit le plan MN (*fig.* 146), perpendiculaire au

plan PQ; si on trace dans le plan MN une droite OS perpendiculaire sur l'intersection MK des deux plans, cette droite sera perpendiculaire sur le plan PQ. Pour le prouver, je mène par le point O, dans le plan PQ, la droite OH perpendiculaire sur l'intersection MK. L'angle SOH sera droit, puisque les plans MN et PQ sont perpendiculaires entre eux. D'ailleurs SO est déjà perpendiculaire sur MK; donc elle est perpendiculaire au plan PQ (n° 133).

143.

Quand deux plans sont perpendiculaires l'un à l'autre, si on élève une perpendiculaire sur l'un d'eux par un point de leur commune intersection, elle est comprise dans le second.

Le plan MN (*fig.* 147) étant perpendiculaire au plan PQ; si on mène par un point O de leur commune intersection, la droite OS perpendiculaire sur le plan PQ, elle sera comprise dans le plan MN. Car, si cela n'était pas, on pourrait tracer dans le plan MN, une droite OH perpendiculaire au point O sur l'intersection des deux plans. OH serait une seconde perpendiculaire au plan PQ (n° 142); donc il y aurait deux droites OS et OH, perpendiculaires en un même point, sur le même plan, ce qui est impossible.

144.

Quand deux plans sont perpendiculaires sur un troisième, la droite qui est l'intersection des deux premiers est perpendiculaire sur le troisième.

Si les deux plans MN et RS (*fig.* 148), sont tous deux perpendiculaires au plan PQ, leur intersection OH est perpendiculaire au plan PQ. Car, si au point H, on élevait une perpendiculaire sur ce plan, elle devrait être contenue dans chacun des deux plans RS et MN (n° 143). Donc elle coïnciderait avec la droite OH, intersection commune de ces deux plans.

145.

Deux plans perpendiculaires à une même ligne droite sont parallèles.

Si ces deux plans pouvaient avoir un seul point commun, en joignant ce point aux deux points où les deux plans sont rencontrés par la commune perpendiculaire, on formerait un triangle qui aurait deux angles droits.

146.

Quand un plan rencontre deux plans parallèles entre eux, il les coupe suivant deux droites parallèles.

Les deux droites AC et BD (*fig.* 149) suivant lesquelles les deux plans parallèles RS et PQ sont coupés par un troisième plan, ne pourraient pas se rencontrer sans que les deux plans parallèles qui les contiennent se rencontrassent en même temps. Donc ces deux droites, situées d'ailleurs dans un même plan, sont parallèles.

147.

Si deux angles ont leurs côtés parallèles deux à deux, les plans de ces deux angles sont parallèles entre eux.

Si les côtés AB, AC (*fig.* 143) de l'angle BAC, sont respectivement parallèles au côtés EL et EF de l'angle LEF, le plan des lignes AB et AC sera parallèle au plan des lignes EL et EF. En effet, menons par le point A un plan parallèle au plan de l'angle LEF, et supposons que l'une des deux droites AB et AC, par exemple la droite AC, soit située hors de ce plan. Si on fait passer un plan suivant les droites parallèles EF et AC, il coupera le plan mené par le point A parallèlement au plan de l'angle LEF, suivant une droite parallèle à EF (n° 146), et différente de AC, qui est déjà parallèle à EF. Donc par le même point A, on pourrait mener deux droites parallèles à une même droite EF, ce qui est impossible.

148.

Les lignes droites parallèles comprises entre deux plans parallèles sont égales entre elles.

Les droites parallèles AB et CD (*fig.* 149), comprises entre deux plans parallèles RS et PQ, sont égales entre elles. Car si on fait passer un plan suivant les droites parallèles AB et CD, il coupera les plans RS et PQ suivant deux droites parallèles AC et BD (n° 146). Donc la figure ABDC est un parallélogramme; donc AB = CD.

149.

Quand deux plans sont parallèles, toute droite perpendiculaire à l'un des deux est perpendiculaire à l'autre.

Les deux plans MN et PQ (*fig.* 150), étant parallèles entre eux, toute ligne AB perpendiculaire au point A sur le plan MN, sera perpendiculaire au plan PQ. Car, si par le point B où cette ligne rencontre le plan PQ, on mène dans ce plan une droite quelconque BV, et si on fait passer par les droites AB et BV, un plan qui coupe le plan MN suivant la droite AI; les deux droites AI et BV seront parallèles (n° 146). D'ailleurs l'angle BAI est un angle droit, puisque BA est perpendiculaire sur le plan MN; donc l'angle ABV est aussi un angle droit, et la droite AB est perpendiculaire sur toute droite BV, qui passe par son pied dans le plan PQ; donc elle est perpendiculaire à ce plan.

150.

Fil à plomb et niveau.

Toutes les parties matérielles des corps sont attirées vers la terre, suivant des directions que l'on peut considérer comme parallèles, dans une étendue de terrain peu considérable par rapport aux dimensions de la surface terrestre.

L'existence de cette attraction se manifeste continuellement par les pressions que les corps exercent sur les appuis qui les soutiennent, ou par le mouvement qu'ils prennent vers la terre dès qu'ils ne sont plus soutenus.

On appelle *forces* en général toutes les causes de pression ou de mouvement ; et la force qui attire les corps vers le centre de la terre se nomme la *pesanteur*.

On détermine en chaque lieu de la terre la direction de la pesanteur, à l'aide du fil à plomb qui consiste simplement en un fil mince et flexible, à l'extrémité duquel on a suspendu une petite masse pesante de figure quelconque. En effet, on démontre par les premiers principes de la mécanique, que : lorsque le fil à plomb aura cessé d'osciller, et se tiendra en équilibre, sa direction sera parallèle à celle de la force qui attire vers la terre toutes les parties matérielles de la masse pesante.

La direction du fil à plomb dans les différents lieux de la terre, se nomme *verticale*. On appelle plan *horizontal* tout plan mené perpendiculairement à une ligne verticale, et on nomme ligne horizontale toute ligne perpendiculaire à la verticale.

Il est essentiel pour la solidité et la régularité des édifices que la plupart des lignes et des plans, qui entrent dans leur construction, reçoivent une direction exactement verticale ou horizontale. On vérifie sans peine avec le fil à plomb, si un plan est vertical, et si une ligne est verticale ou horizontale. Car un plan vertical et une ligne verticale doivent être parallèles à la direction du fil à plomb, et une ligne horizontale doit lui être perpendiculaire.

Il faut d'autres instruments pour vérifier si un plan est bien horizontal. Celui que l'on emploie le plus communément consiste en un triangle isocèle BAC (*fig.* 151), construit en bois, et dont les branches égales BA et AC sont réunies par une règle MN parallèle à la base BC. Un fil à plomb SH est attaché au sommet S du triangle SMN. Pour reconnaître à l'aide de cet instrument, si un plan PQ est horizontal, on pose sur ce plan et dans différents sens les extrémités B et C des branches égales AB et AC, en élevant le sommet A de manière que le fil à plomb pose sans frottement contre la ligne MN. Alors, si la direction du fil rencontre toujours la ligne MN en son milieu, on est sûr que cette ligne et la ligne BC qui lui est parallèle sont horizontales, c'est-à-dire perpendiculaires à la direction du fil à plomb. Donc le plan PQ est aussi horizontal; car les différentes lignes de ce plan qui joignent les pieds B et C de l'instrument dans ses différentes positions sont horizontales. Or on voit aisément qu'un plan est horizontal quand il contient deux droites horizontales qui se coupent.

On emploie fréquemment aussi le niveau à bulle d'air. C'est un tube de verre AB (*fig.* 152), posé sur une plaque de cuivre MN, dont la face inférieure est parfaitement plane. Il est rempli d'un liquide, dans lequel une bulle d'air OS doit occuper un espace marqué sur le tube, quand la face inférieure de la plaque de cuivre est bien horizontale. On reconnaît que le plan PQ est horizontal, lorsqu'en faisant glisser contre ce plan, et dans différents sens, la face inférieure de la plaque de cuivre, on voit que la bulle d'air renfermée dans le tube de verre ne sort pas de l'espace indiqué.

Trois plans qui passent par le même point A se coupent généralement suivant trois lignes AP, AQ, AR, (*fig.* 153), et interceptent un espace appelé *angle trièdre*. Les lignes AP, AQ, AR, se nomment les *arêtes* de l'angle trièdre. Les angles PAR, RAQ, QAP, que les arêtes forment entre elles, se nomment *angles plans*. Nous avons déjà dit que l'inclinaison mutuelle de deux faces PAQ, PAR, autrement dit *l'angle dièdre* formé par ces deux faces, se mesure par l'angle que font entre elles deux lignes menées dans chaque plan, perpendiculairement à leur intersection AP.

On appelle *angle polyèdre*, l'espace renfermé entre un nombre quelconque de plans qui passent par un même point A. Les intersections mutuelles de ces plans se nomment les *arêtes* de l'angle polyèdre; et les angles que les arêtes forment entre elles sont aussi appelés angles plans.

151.

Si deux angles trièdres ont leurs angles plans égaux deux à deux, les inclinaisons mutuelles des faces qui comprennent les angles plans égaux sont égales de part et d'autre.

Je suppose que les trois angles plans BAC, CAD, BAD (*fig.* 154) de l'angle trièdre A, soient égaux respectivement aux angles plans *bac*, *cad*, *bad*, de l'angle trièdre *a*; je dis que l'inclinaison mutuelle des faces qui comprennent les angles plans égaux sera la même de part et d'autre. Par exemple, l'inclinaison de la face BAC sur la face CAD, sera égale à celle de la face *bac* sur la face *cad*.

Pour le prouver, par un point quelconque S de l'arête AC, je mène sur cette ligne deux perpendiculaires SI et SK, situées l'une dans le plan BAC, l'autre dans le plan CAD; et par un point P situé sur AC au-dessous du point S, je tire une droite qui rencontre les droites SI et AB, aux points M et Q, et une seconde droite qui rencontre SK et AD aux points N et R. Je joins le point Q au point R, et le point M au point N. Prenant ensuite sur les arêtes de l'angle trièdre *a*, des longueurs *ap*, *aq*, *ar*, respectivement égales à AP, AQ, AR, je tire les lignes *pq*, *pr*, *qr*; je prends *as* = AS; je mène sur *ac* dans le plan *bac* la perpendiculaire *si* qui rencontre *pq* au point *m*; dans le plan *cad*, j'élève de même sur *ac* la perpendiculaire *sk* qui rencontre *rp* au point *n*; et je tire la droite *mn*. Cela posé, le triangle QAP est égal au triangle *qap*; car on a par supposition l'angle QAP = *qap*, et par construction les côtés AQ et AP sont égaux aux côtés *aq* et *ap*; donc on a PQ = *pq*. On prouvera de même que l'on a PR = *pr* et QR = *qr*. Donc les triangles PQR et *pqr* sont égaux, parce qu'ils ont leurs trois côtés égaux deux à deux; donc l'angle QPR est égal à *qpr*. Le triangle MSP rectangle en S, est aussi égal au triangle *msp* rectangle en *s*, puisque ces deux triangles ont l'angle aigu MPS = *mps*, et le côté PS = *ps* par construction. On a donc MS = *ms* et PM = *pm*; on prouverait de même que l'on a NS = *ns* et PN = *pn*. De ce que les côtés MP et PN sont respectivement égaux à *mp* et *pn*, et de ce que l'angle MPN est égal à *mpn*, comme on l'a prouvé plus haut, il suit que les triangles PMN et *pmn* sont égaux entre eux et que MN=*mn*. D'ailleurs on vient aussi de prouver que les côtés MS et NS sont respectivement égaux aux côtés *ms* et *ns*. Donc le triangle MNS est égal au triangle *mns*, et l'angle MSN qui mesure l'inclinaison mutuelle des faces BAC et CAD est égal à l'angle *msn* qui mesure celle des faces *bac* et *cad*.

152.

Angles polyèdres symétriques.

Les trois droites AB, AC, AD, (*fig.* 155) étant les arêtes d'un angle trièdre dont le sommet est au point A, si d'un point pris sur l'une de ces arêtes, par exemple du point P pris sur l'arête AB, on abaisse une droite PO perpendiculaire sur le plan CAD des deux autres arêtes AC et AD, si on la prolonge d'une quantité KO égale à PO, et si on mène la droite AS par le point K, il est facile de démontrer qu'elle fait avec AC un angle égal à BAC, et avec AD un angle égal à BAD.

En effet, je tire la droite AO, je joins le point O à un point quelconque I pris sur l'arête AC, et le point I aux deux points P et K. Les lignes AP et AK sont égales comme obliques également écartées de la droite AO perpendiculaire sur PK. Les lignes PI et KI sont aussi égales, comme obliques également éloignées de la droite OI perpendiculaire sur PK; de plus, les triangles PAI et KAI, ont le côté AI commun; donc ces deux triangles sont égaux comme ayant leurs trois côtés égaux deux à deux ; donc l'angle CAS est égal à l'angle BAC. On prouverait de même que l'angle DAS est égal à l'angle BAD.

Or, si on considère l'angle trièdre formé au point A par les trois arêtes AB, AC, AD ; ses trois angles plans CAD, CAB, DAB, sont respectivement égaux aux trois angles plans CAD, CAS, DAS de l'angle trièdre formé aussi au point A par les trois arêtes AS, AC, AD. De plus, les inclinaisons des faces qui comprennent les angles plans égaux dans les deux angles trièdres, sont égales de part et d'autre (n° 151). Toutefois, ces deux angles trièdres ne sont pas égaux, c'est-à-dire superposables ; car, à cause de la disposition inverse de leurs angles plans, il est évident que si on transportait l'angle trièdre qui a pour arêtes les trois droites AS, AC, AD, de façon que l'angle dièdre des plans CAS et DAS coïncidât avec l'angle dièdre des plans CAB et BAD qui lui est égal, le plan de l'angle CAS tomberait sur celui de l'angle DAB qui n'est pas égal à CAS, et de même le plan de l'angle DAS tomberait sur celui de l'angle CAB qui n'est pas égal à DAS. La coïncidence des deux angles trièdres que nous considérons ne serait possible, qu'autant que les deux angles plans CAB et DAB seraient égaux entre eux, ainsi que les angles CAS et DAS.

On a nommé *angles trièdres symétriques* ceux qui, ayant ainsi les angles plans égaux, et les inclinaisons des faces égales deux à deux, ne peuvent coïncider à cause de la disposition inverse des angles plans égaux.

Les deux angles polyèdres ABCDEF, *abcdef* (*fig.* 156), seront également dits symétriques, si les angles plans consécutifs BAC, CAD, DAE, etc., étant respectivement égaux aux angles plans *bac*, *cad*, *dae*, etc., et les inclinaisons des faces qui comprennent les angles plans égaux, étant égalés de part et d'autre, il arrive toutefois qu'on ne puisse pas faire coïncider l'un des deux angles polyèdres avec l'autre, parce que les angles plans du premier ont, comme le représente la figure 156, une disposition inverse de celle des angles plans du second.

Nous rencontrerons à chaque instant des exemples de symétrie. Le corps humain est composé de deux parties symétriques. Par exemple, les deux mains d'un homme ont la même structure ; mais les mêmes parties sont disposées inversement. De même l'image réfléchie par une glace est symétrique du corps qu'elle représente.

XV.

Polyèdres en général. — Prisme ; parallélipipède ; cylindre droit considéré comme un prisme dont la surface se développe en un rectangle. — Tétraèdre ; pyramide ; cône circulaire droit, considéré comme une pyramide régulière dont la surface se développe en un secteur de cercle.

On appelle *polyèdre* un volume terminé de toutes parts par des surfaces planes. Les points A, B, I, H, etc. (*fig.* 157), où plusieurs des plans qui terminent le polyèdre viennent se réunir, se nomment les *sommets*. Les intersections AB, BC, DH, etc., de ces plans considérés deux à deux, sont les arêtes.

On appelle *diagonale* toute ligne qui joint l'un à l'autre deux sommets d'un polyèdre en pénétrant dans son intérieur.

Nous allons considérer en particulier ceux des polyèdres qui, à cause de leur forme plus régulière et des propriétés dont ils jouissent, sont plus fréquemment rencontrés dans les sciences et dans les arts.

153.

Définition du prisme.

On nomme *prisme* un polyèdre terminé latéralement par des parallélogrammes, et ayant pour bases deux polygones égaux dont les plans sont parallèles.

Pour concevoir la construction d'un prisme, il faut se figurer que par les sommets d'un polygone quelconque ABCDEF (*fig.* 158), on ait amené des droites parallèles entre elles, et que l'on ait coupé les faces latérales que ces parallèles déterminent, par un plan MNOPQR, parallèle à la base ABCDEF. Chaque face latérale ABNM du polyèdre ainsi formé, est un parallélogramme, car les côtés opposés AB et MN sont parallèles entre eux, ainsi que les côtés opposés AM et BN. De plus, la base supérieure est égale à la base inférieure, car chaque côté BC de la première est égal et parallèle au côté correspondant NO de la base inférieure.

154.

Les sections faites à la surface d'un prisme, par des plans parallèles, sont des polygones égaux.

Soient ABCDE, abcde (*fig.* 159), les sections faites à la surface latérale d'un prisme, par deux plans parallèles entre eux; ces deux polygones sont égaux. En effet, un côté quelconque AB du premier polygone est parallèle au côté *ab* correspondant dans le second, parce que les intersections de deux plans parallèles par un troisième plan sont des droites parallèles entre elles. Ces deux côtés sont aussi égaux, comme parallèles comprises entre deux arêtes parallèles PM et TQ. Les deux sections ABCDE, *abcde*, ont donc leurs côtés égaux deux à deux; elles ont aussi leurs angles égaux deux à deux, comme formés par des côtés parallèles et dirigés dans le même sens; donc elles sont égales.

155.

Cylindre droit considéré comme un prisme droit dont la surface se développe en un rectangle.

On nomme *prisme droit*, un prisme dont les arêtes latérales AM, BN, CO, ... etc., (*fig.* 160) sont perpendiculaires aux plans des bases. Les faces latérales du prisme droit sont des rectangles.

On appelle *cylindre droit* l'espace circonscrit par la révolution d'un rectangle ABCD (*fig.* 161) autour d'un de ses côtés AB. Le côté DC, qui par son mouvement autour de AB engendre la surface latérale du cylindre, se nomme la *génératrice*. Chaque point M de la génératrice décrit un cercle qui a pour rayon la perpendiculaire MO abaissée de ce point sur la droite fixe AB. Les cercles égaux, décrits par les côtés AD et BC, s'appellent les *bases* du cylindre; et la droite fixe AB, perpendiculaire aux deux bases, se nomme *l'axe*, ou la *hauteur* du cylindre.

Concevons que la surface latérale d'un prisme droit (*fig.* 160) soit fendue suivant une des arêtes AM; on pourra faire tourner la face latérale NOCB autour de l'arête NB intersection commune de cette face et de la face contiguë ABNM, jusqu'à ce que son plan se trouve situé dans le prolongement du plan de la face ABNM; et alors la droite BC se trouvera située dans le prolongement de BA, puisque dans le mouvement du rectangle NBCO autour de NB, cette droite sera restée perpendiculaire sur NB. On pourra de même faire tourner la face OCDP autour de OC, jusqu'à ce que cette troisième face se trouve située dans le plan commun des deux premières; et la droite CD se trouvera alors située comme la droite BC dans le prolongement de AB. Quand toutes les faces latérales du prisme droit auront été ainsi amenées dans le plan de la face ABNM, et toutes les arêtes de la base dans le prolongement de AB; la surface latérale du prisme droit ainsi développé formera un rectangle, qui aura pour hauteur la hauteur du prisme, et pour base une ligne droite égale au contour de la base ABCDEF.

Or, de même que nous avons considéré le cercle comme un polygone régulier d'un nombre infini de côtés (n° 114), on peut considérer le cylindre comme un prisme droit dont la base serait un polygone régulier d'un nombre infini de côtés ; et on voit que la surface latérale du cylindre est développable en un rectangle de même hauteur que le cylindre, et dont la base est une ligne droite égale à la circonférence de la base du cylindre.

156.

Définition du parallélipipède. Les faces opposées d'un parallélipipède sont des parallélogrammes égaux, et ses diagonales se coupent mutuellement en deux parties égales.

On nomme *parallélipipède* un polyèdre renfermé entre six plans parallèles deux à deux. Ainsi dans le parallélipipède ABCDMNOP (*fig.* 162), les faces ADPM, ADCB, ABNM, sont respectivement parallèles aux faces OCBN, OPMN et OCDP.

Chacune des six faces est un parallélogramme. Par exemple, la droite AD est parallèle à PM, parce que les intersections de deux plans parallèles par un troisième sont parallèles entre elles ; de même la droite AM est parallèle à DP ; donc la face ADPM est un parallélogramme.

Les parallélogrammes opposés, c'est-à-dire ceux dont les plans sont parallèles, sont égaux entre eux. Par exemple, les parallélogrammes ADPM et BCON sont égaux, car le côté AD du premier est égal et parallèle au côté BC du second, puisque la face ADBC est un parallélogramme ; et de même le côté AM du premier est égal et parallèle au côté BN.

Si on tirait dans l'intérieur du parallélipipède les diagonales CM et AO, on pourrait les considérer comme les diagonales du parallélogramme qui a pour côtés opposés les deux arêtes parallèles AM et CO ; donc elles se rencontrent dans l'intérieur du parallélipipède, et de plus se coupent mutuellement en deux parties égales (n° 80).

157.

Les angles trièdres opposés d'un parallélipipède sont symétriques l'un de l'autre.

Les angles trièdres opposés dans un parallélipipède sont ceux qui ont leurs arêtes parallèles deux à deux et dirigées dans des sens contraires. Par exemple, l'angle trièdre B (*fig.* 162) du parallélipipède ABCDMNOP est dit opposé à l'angle trièdre P, parce que les trois arêtes BA, BC, BN du premier sont respectivement parallèles aux arêtes PO, PM et PD du second, mais dirigées en sens contraire. Or, ces deux angles trièdres sont symétriques l'un et l'autre (n° 152). En effet, on a l'angle ABC=ADC comme angles opposés d'un parallélogramme, et l'angle ADC=MPO, parce qu'ils ont les côtés parallèles et dirigés dans le même sens ; donc l'angle ABC=MPO. On a de même CBN=DPM et ABN=DPO. Donc les trois angles plans de l'angle trièdre B sont respectivement égaux aux trois angles plans de l'angle trièdre P, et les angles dièdres des faces qui comprennent les angles plans égaux sont égaux de part et d'autre (n° 151). Or, si on transporte le premier angle trièdre de manière que le point B tombe au point

P; l'arête BC sur l'arête PM, et que l'angle dièdre des faces ABC, NBC, coïncide avec l'angle dièdre des faces MPO, MPD; le plan de l'angle ABC tombera sur le plan de l'angle MPD, qui n'est pas égal à l'angle ABC; et le plan de l'angle NBC tombera sur celui de l'angle MPO, qui n'est pas égal à l'angle NBC. Donc les angles trièdres opposés P et B ne peuvent pas coïncider, et sont symétriques l'un de l'autre.

Un parallélipipède est appelé *droit*, quand les arêtes latérales LP, KS, VR et TQ (*fig.* 163) sont perpendiculaires aux plans des bases KLVT et SPQR. Alors les faces latérales LKSP, KSRV, VTQR et TLPQ sont des rectangles.

Si de plus les deux bases KLVT et SPQR sont des rectangles, le parallélipipède est alors terminé par six faces rectangulaires, et il prend le nom de *parallélipipède rectangle*. Par opposition, on nomme *parallélipipède oblique*, un parallélipipède ABCDMNOP (*fig.* 162) dont les six faces sont des parallélogrammes obliquangles.

On appelle *cube* un parallélipipède rectangle (*fig.* 164) dont les six faces sont des carrés égaux.

158.

Tétraèdre; pyramide quelconque; cône droit à base circulaire, considéré comme une pyramide régulière dont la surface se développe en un secteur de cercle.

On nomme *tétraèdre*, c'est-à-dire polyèdre à 4 faces, le polyèdre que l'on forme, en coupant par un plan BCD ((*fig.* 165) les trois faces d'un angle trièdre A, dont les arêtes sont AB, AC, AD.

Le tétraèdre est aussi nommé *pyramide* à base triangulaire.

Si on coupe par un plan les faces latérales d'un angle polyèdre (page 193), formé par plus de trois arêtes, on aura ainsi un volume ABCDEF (*fig.* 166), qui se nomme encore pyramide. Le sommet A de l'angle polyèdre est le *sommet* de la pyramide; et sa *base* est le polygone BCDEF, qui a pour côtés les lignes suivant lesquelles le plan sécant a rencontré les faces de l'angle polyèdre A.

On appelle *cône droit* l'espace circonscrit par la révolution d'un triangle rectangle ABC (*fig.* 167), qui tourne autour d'un de ses côtés AB. Chaque point M de l'hypothénuse décrit un cercle qui a pour rayon la perpendiculaire MK, abaissée de ce point sur AB. L'hypothénuse AC se nomme *le côté* ou la *génératrice* du cône. La droite fixe AB, perpendiculaire au plan de la base circulaire dont le rayon est BC, se nomme l'*axe* ou la *hauteur* du cône.

On appelle *tronc de cône* le volume intercepté entre la surface de la base d'un cône, dont le rayon est BC (*fig.* 167), et un plan parallèle à la base, qui coupera la surface latérale du cône suivant le cercle dont le rayon est MK. On peut considérer le tronc de cône comme engendré par la révolution du trapèze BKMC autour du côté KB, perpendiculaire sur les deux bases KM et BC. La droite fixe KB se nomme la *hauteur* du tronc de cône, et le côté opposé MC s'appelle le *côté*.

Si par le centre d'un polygone régulier MNOPQR (*fig.* 168), on élève une perpendiculaire AS de longueur quelconque sur le plan de ce polygone; et si on fait passer des plans par le point A et par chacun des côtés MN, NO, OP, etc., on aura ainsi une pyramide qu'on appelle *pyramide régulière*.

Concevons que la surface de cette pyramide régulière soit fendue suivant une arête AM. On pourra faire tourner la face latérale ANO autour de AN, la face latérale AOP autour de AO, et ainsi de suite, jusqu'à ce que ces différentes faces consécutives se trouvent toutes situées dans le prolongement du plan de la face AMN. Alors la surface de la pyramide régulière se trouvera développée en une figure plane AMNOPQRS, qui se nomme un *secteur polygonal*, et qui se compose d'autant de triangles égaux au triangle isocèle AMN, qu'il y a de côtés dans la base MNOPQR de la pyramide.

Or, on peut considérer la surface latérale du cône droit, dont BC (*fig.* 167) est le rayon de la base, et AB la hauteur, comme celle d'une pyramide régulière dont la base serait un polygone régulier d'un nombre infini de côtés; et si on développe le cône sur un plan, à l'instar d'une pyramide régulière, le contour de sa base s'étendra en un arc de cercle PQ dont le rayon AP sera égal au côté AC du cône; tandis que la surface du cône se développera en un secteur circulaire PAQ, ayant cet arc pour base.

159.

Les sections faites à la surface d'une pyramide, par des plans parallèles à la base, sont des polygones semblables à cette base.

La pyramide ABCDEF (*fig.* 169) étant coupée par un plan parallèle à sa base, la section *bcdef* est un polygone semblable à cette base. En effet, *bc* est parallèle à BC, parce que les intersections de deux plans parallèles par un troisième sont parallèles entre elles; de même *bf* est parallèle à BF.

Donc on a $bc : BC :: bA : BA$ et $bf : BF :: bA : BA$; et de ces deux proportions il suit qu'on aura $bc : BC :: bf : BF$. On prouvera de même que l'on a $bf : BF :: ef : EF$, etc. Donc les côtés du polygone $bcdef$ sont proportionnels à ceux de la base. De plus les angles de ces deux polygones sont égaux deux à deux, comme ayant leurs côtés parallèles entre eux et dirigés dans le même sens. Donc ces deux polygones sont semblables.

Corollaire I. Si on abaisse sur la base de la pyramide ABCDEF, la perpendiculaire AH qui rencontre au point h la section $bcdef$; on aura : $AB : Ab :: AH : Ah$, parce que bh est parallèle à BH; mais on a aussi $AB : Ab :: BF : bf$; donc $AH : Ah :: BF : bf$. D'ailleurs (n° 125) on a la proportion $BCDEF : bcdef :: BF^2 : bf^2$; donc on a aussi $BCDEF : bcdef :: AH^2 : Ah^2$.

Corollaire II. Si une seconde pyramide a sa base RTI située sur le plan de la base BCDEF de la première, si de plus la hauteur SV de cette seconde pyramide, est égale à la hauteur AH de la première, le plan de la section $bcdef$ coupera la pyramide STIR, suivant une section rti semblable à RTI, et on aura $TIR : tir :: SV^2 : Sv^2$. Mais on a aussi $BCDEF : bcdef :: AH^2 : Ah^2$; d'ailleurs $SV = AH$ et $Sv = Ah$. Donc on a : $BCDEF : bcdef :: TIR : tir$. Donc si les bases TIR et BCDEF des deux pyramides sont égales en surface, les sections $bcdef$ et tir le seront aussi.

XVI.

Propriétés générales de la sphère ; grands et petits cercles ; dénomination de ses différentes parties.

On nomme *sphère* l'espace circonscrit par la révolution d'un demi-cercle AMC (*fig.* 170), qui tourne autour de son diamètre AC, de manière que chaque point décrive un cercle qui a pour rayon la perpendiculaire MO abaissée sur le diamètre. Dans ce mouvement, le point M demeure toujours à la même distance du centre K du cercle générateur. Ainsi, la surface d'une sphère a tous ses points également éloignés d'un point intérieur qu'on appelle *centre*. Toute ligne menée du centre à la surface se nomme un *rayon*. Une ligne qui passe par le centre, et se termine de part et d'autre à la surface, se compose de deux rayons et se nomme un *diamètre*.

160.

Les sections de la sphère par des plans qui passent au centre, sont des cercles égaux au cercle générateur.

Si on fait passer un plan par le centre d'une sphère, la section de la sphère par ce plan, c'est-à-dire la série des points qui sont situés à la fois sur la surface de la sphère et sur ce plan, est une courbe, dont tous les points sont éloignés du centre d'une quantité égale au rayon de la sphère, c'est-à-dire un cercle de même rayon que la sphère.

Ainsi, la ligne AB (*fig.* 171) représentant un diamètre d'une sphère ; un plan quelconque mené suivant AB, la coupera suivant un cercle AKBP. Un second plan mené par le centre perpendiculairement à AB, coupera le plan du cercle AKBP, suivant un diamètre PK, et la sphère, suivant un cercle POKH. Un troisième plan mené suivant AB, perpendiculairement au plan AKBP, coupera le plan du cercle KOPH, suivant un diamètre OH, et la sphère suivant un troisième cercle AOBH.

Ces trois plans perpendiculaires entre eux, deux à deux, partagent la surface de la sphère en huit parties égales.

161.

Les sections de la sphère par des plans qui ne passent pas au centre, sont des petits cercles, c'est-à-dire des cercles dont le rayon est moindre que celui de la sphère.

Soit AOSB (*fig.* 172) la courbe suivant laquelle un plan qui ne passe pas par le centre coupe la surface de la sphère. Cette courbe est un cercle ; car, si du centre K on abaisse la droite KI perpendiculaire sur le plan sécant, et si on mène les droites KA, KB, KO, etc., aux différents points de la section AOSB, toutes ces droites sont égales comme rayons de la sphère. Mais les obliques égales sont également éloignées du pied de la perpendiculaire (n° 135) ; donc les droites IA, IB, IO, etc., sont égales, et la section AOSB est un cercle qui a pour centre le pied de la perpendiculaire abaissée du centre de la sphère sur le plan sécant. Le rayon IO de ce cercle est plus petit que le rayon OK de la sphère, et d'autant plus petit que le plan sécant est plus éloigné du centre de la sphère.

162.

Pôles des grands et des petits cercles ; la perpendiculaire, menée par le centre de la sphère sur le plan d'un grand ou d'un petit cercle, rencontre la surface de la sphère en un point qui est le pôle du cercle.

La distance de deux points sur une sphère se mesure par l'arc de grand cercle intercepté entre ces deux points. Ainsi, pour apprécier la distance des points R et S (*fig.* 171) sur la surface de la sphère, on fera passer par ces deux points et par le centre C, un plan qui la coupera suivant un grand cercle, et la portion RS de ce grand cercle interceptée entre les deux points R et S, est la distance de ces deux points.

Quand un point situé sur la surface d'une sphère est à une égale distance de tous les points d'un grand ou d'un petit cercle, on dit que ce point est le *pôle* du cercle.

Si par le centre A de la sphère (*fig.* 173), on élève sur le plan d'un grand cercle BCKO une perpendiculaire qui rencontre la surface de la sphère en un point H ; l'arc de grand cercle HB, compris entre le point H et un point quelconque B du grand cercle BCKO, sera un quart de grand cercle, parce que l'angle HAB qui est mesuré par cet arc est un angle droit. Donc le point H est le pôle du grand cercle BCKO.

On a prouvé qu'un plan qui ne passe pas par le centre K de la sphère, la coupe suivant un petit cercle AOSB (*fig.* 172), dont le centre est le pied I de la perpendiculaire KI abaissée sur le plan sécant. Or, si on prolonge KI jusqu'à la rencontre de la surface sphérique au point V, ce point sera le pôle du petit cercle AOSB. Car, si on menait les droites VA, VB, etc., du point V aux différents points de la circonférence du petit cercle, elles seraient égales, comme s'écartant également du pied de la perpendiculaire VI; et comme les cordes égales sous-tendent des arcs égaux, les arcs de grand cercle VA, VB, VO, etc., qui mesurent la distance du point V aux différents points du petit cercle, sont égaux ; donc le point V est le pôle du petit cercle.

163.

Si un point de la surface d'une sphère est éloigné de deux autres points de la surface, d'une quantité égale à un quart de grand cercle, ce point est le pôle du grand cercle qui passe par les deux autres points.

Les trois points H, B, C (*fig.* 173), appartenant à la surface d'une même sphère, je suppose que les deux arcs HB, HC, qui mesurent la distance du point H, aux deux points B et C, soient égaux chacun à un quart de grand cercle; je dis que le point H est le pôle du grand cercle BCKO, qui passe par les deux points B et C. Car si on mène les rayons AH, AB, AC, les deux angles HAB, HAC sont droits, parce qu'ils ont chacun pour mesuré un quart de grand cercle. Donc la droite AH est un rayon perpendiculaire sur le plan du grand cercle BCKO (n° 133) ; donc le point H est le pôle de ce grand cercle (n° 162).

164.

Côtés et angles des triangles sphériques.

On appelle *triangle sphérique* l'espace renfermé

sur la surface d'une sphère, entre trois arcs de grand cercle qui se coupent mutuellement aux points A, B, C (*fig.* 174). Ces trois points se nomment les *sommets* du triangle sphérique. Les arcs de grand cercle AB, AC, BC, qui joignent les sommets deux à deux, se nomment les *côtés*.

Pour définir les angles du triangle sphérique, il faut considérer l'angle trièdre, qui a pour arêtes les rayons MA, MB, MC, menés du centre de la sphère aux sommets du triangle sphérique. Dans cet angle trièdre, les trois angles plans AMB, AMC, BMC, ont pour mesures les arcs AB, AC, BC, qui sont les côtés du triangle sphérique. Or, l'inclinaison du plan de l'arc AC sur le plan de l'arc AB est ce qu'on nomme l'angle A du triangle sphérique; de même, l'inclinaison du plan de l'arc BA sur le plan de l'arc BC, est l'angle B du triangle sphérique, et l'angle C est l'inclinaison du plan de l'arc CA sur celui de l'arc CB.

D'après cela, si on trace sur la surface de la sphère, dont le triangle BAC fait partie, le grand cercle qui a pour pôle le point A, et si on prolonge les côtés AB et AC de l'angle A, jusqu'à ce qu'ils rencontrent ce grand cercle aux points P et Q, l'arc PQ sera la mesure de l'angle A. Car, le point A étant le pôle de l'arc PQ, les rayons PM et QM seront perpendiculaires sur AM, et l'angle PMQ ou l'arc PQ, mesurera l'inclinaison du plan de l'arc AB sur le plan de l'arc AC.

D'après la définition que nous venons de donner des angles d'un triangle sphérique, on voit que lorsque deux triangles sphériques appartenant à une même sphère, ou à des sphères égales, ont leurs côtés égaux deux à deux, leurs angles le sont aussi. Car, si on considère les deux angles trièdres déterminés par les rayons qui vont du centre de la sphère aux sommets de chacun de ces triangles, les angles plans de ces deux angles trièdres seront égaux deux à deux ; donc les inclinaisons des faces seront égales de part et d'autre (n° 151) : or, ces inclinaisons sont précisément les angles des triangles sphériques.

165.

Un plan perpendiculaire à l'extrémité de l'un des rayons d'une sphère est tangent à cette sphère.

On appelle *plan tangent* à une sphère un plan qui n'a qu'un seul point commun avec la surface de cette sphère. Or, si un plan MN (*fig.* 175) est perpendiculaire à l'extrémité K d'un rayon OK ; toute ligne OA, menée du centre de la sphère à un point quelconque A pris sur le plan MN, est une oblique plus grande que OK. Donc tous les points du plan MN, à l'exception du point K, sont situés en dehors de la sphère ; donc ce plan est un plan tangent.

Réciproquement, si un plan MN (*fig.* 175) est tangent à une sphère au point K, c'est-à-dire n'a de commun avec la surface de la sphère que le seul point K, il est perpendiculaire sur le rayon OK, qui va du centre au point de contact. Car si cela n'était pas, on pourrait mener du centre de la sphère une perpendiculaire sur le plan tangent, qui serait plus courte que le rayon OK. Donc le plan MN aurait un point situé dans l'intérieur de la sphère, et ne serait pas tangent, ce qui est contraire à la supposition.

XVII.

Mesure des surfaces cylindriques, coniques. — Surface de la sphère considérée comme engendrée par la rotation d'un polygone régulier d'une infinité de côtés.

166.

La surface latérale d'un cylindre a pour mesure le produit de sa hauteur, par la circonférence de la base.

On a vu (n° 155) que la surface latérale d'un cylindre droit à base circulaire peut se développer en un rectangle qui a même hauteur que le cylindre, et pour base une ligne droite égale en longueur à la circonférence de la base du cylindre. D'ailleurs la surface d'un rectangle a pour mesure le produit de sa base par sa hauteur. Donc, pour mesurer la surface latérale d'un cylindre, il faut multiplier le nombre d'unités linéaires contenues dans la circonférence de la base, par le nombre d'unités linéaires contenues dans la hauteur. Le produit de cette multiplication exprimera combien de fois la surface latérale du cylindre contient celle du carré qui a pour côté l'unité de longueur. En d'autres termes, la surface latérale d'un cylindre a pour mesure le produit de la hauteur par la circonférence de la base.

Application numérique. On demande quelle sera

la surface d'un cylindre dont la base a un rayon de 3^m,5, et qui a 20^m de hauteur?

D'après la règle précédente on doit d'abord calculer le contour de la base. Pour cela (n° 115), on prend le double du rayon 3,5, qui est 7, et on multiplie 7 par le nombre $\frac{22}{7}$, qui exprime approximativement le rapport de la circonférence au diamètre (n° 115). Le produit 22 représente le contour de la base, et, en le multipliant par 20, on trouve que la surface latérale du cylindre est de 440 mètres carrés.

Deuxième application numérique. La base d'un cylindre a 3^m de rayon : quelle doit être la hauteur, pour que la surface latérale soit de 15 mètres carrés?

En multipliant 6, qui est le double du rayon, par le nombre 3,141, qui représente à moins d'un millième près le rapport de la circonférence au diamètre (n° 115), on trouve le nombre 18,846, qui représente la circonférence de la base. D'ailleurs, la hauteur doit être telle, que si on la multiplie par la circonférence de la base, le produit qui exprimera la surface latérale du cylindre soit égal à 15; on doit donc diviser 15 par 18,846, et le quotient, 0,795, exprime en mètres la hauteur demandée.

Troisième application numérique. La hauteur d'un cylindre est 25 mètres. On demande quel doit être le rayon de la base, pour que la surface latérale soit de 15 mètres carrés?

Comme la surface latérale est le produit de la hauteur du cylindre et du contour de la base, on divisera le nombre 15, qui exprime la surface latérale, par le nombre 25, qui exprime la hauteur, et le quotient 0,6 exprimera le contour de la base.

On divisera ensuite 0,6 par le nombre $\frac{22}{7}$ qui représente approximativement le rapport de la circonférence au diamètre. Le quotient 0,1909 exprime le diamètre, et sa moitié 0,09545 est le rayon demandé.

167.

La surface latérale d'un cône droit à base circulaire a pour mesure le produit de son côté par la demi-circonférence de la base.

On a vu (n° 158) que la surface latérale d'un cône droit à base circulaire (*fig.* 167) peut se développer en un secteur circulaire PAQ, dont le rayon AP est égal au côté CA du cône, et dont l'arc PQ est égal à la circonférence de la base du cône. Or, la surface du secteur circulaire PAQ a pour mesure le produit de l'arc PQ par la moitié du rayon AP (n° 123); donc, pour mesurer la surface latérale du cône, il faut multiplier le nombre qui exprime la demi-circonférence de la base par celui qui exprime le côté.

Application numérique. On demande quelle est la surface latérale d'un cône dont la hauteur est de 5 mètres, et le rayon de la base de 4 mètres?

Le rayon de la base étant 4, si on prend le nombre $\frac{22}{7}$ pour le rapport approché de la circonférence au diamètre, on trouve que la circonférence est exprimée à peu près par le nombre 25,14; la demi-circonférence sera donc exprimée par 12,57. D'ailleurs, comme le côté du cône est l'hypothénuse du triangle rectangle dont les côtés sont 4 et 5, on aura sa longueur en ajoutant le carré de 4 au carré de 5, et prenant la racine carrée du résultat. On trouve ainsi que le côté est 6,40. Multipliant 6,4 par 12,57, on a pour produit le nombre 80,448 qui, d'après la règle précédente, exprime en mètres carrés la surface latérale du cône dont il s'agit.

168.

La surface latérale d'un tronc de cône a pour mesure le produit de son côté par la demi-somme des circonférences de ses bases parallèles.

Soient OC et SK (*fig.* 176) les rayons des bases supérieure et inférieure d'un tronc de cône. Prolongeons le côté CK et la hauteur OS jusqu'à leur rencontre mutuelle au point A. Elevons au point K sur KA, une perpendiculaire KI égale en longueur à la circonférence dont le rayon est SK, et tirons la droite AI. Le triangle AIK, rectangle au point K, a pour mesure le produit de KA par la moitié de KI; mais le cône qui serait engendré par la révolution du triangle ASK autour de AS a pour mesure le produit de KA par la moitié du contour de sa base qui est égal à KI. Donc ce cône et le triangle AKI ont même surface. De même si nous menons au point C une perpendiculaire sur AK qui rencontre AI au point H; le triangle ACH et le cône qui serait engendré par la révolution du triangle AOC autour de AO ont une même surface, parce que la droite CH est égale en longueur à la circonférence dont le rayon est OC. En effet, cette circonférence est à celle dont le rayon est SK, comme OC : SK, ou :: AC : AK, ou comme CH : KI; et puisque *circ.* SK=KI, il faut que *circ.* OC=CH. Le tronc de cône qui serait engendré par la révolution du trapèze OCKS autour de OS, et qui est la différence des deux cônes que nous avons considérés, est donc égal en surface au trapèze CHIK différence des triangles AKI, et ACH. Mais ce trapèze (n° 121) a pour mesure le produit de CK, qui est le côté du tronc de cône, par la demi-somme des droites CH et KI, qui sont respectivement égales à *circ.* OC et *circ.* SK. Donc la surface du tronc de cône a pour mesure le produit de son côté, par la demi-somme des contours de ses bases parallèles.

Si, par le point V, milieu de CK, on mène une parallèle à KI qui rencontre AI au point R, et une droite VT perpendiculaire sur AS, on prouvera comme ci-dessus que la droite VR et la circonférence dont le rayon est VT sont égales en longueur. D'ailleurs, il est facile de reconnaître que la droite VR est la demi-somme des droites CH et KI, respectivement égales en longueur aux circonférences des bases du tronc de cône. Donc la circonférence, dont le rayon est la perpendiculaire VT, abaissée du milieu de CK sur l'axe du tronc de cône, est égale à la demi-somme des circonférences des bases, et la surface du tronc de cône a pour mesure le produit de CK par *circ.* VT.

169.

La surface de la sphère est égale à celle de quatre grands cercles.

Partagez en parties égales la demi-circonférence qui engendre la surface de la sphère, en tournant autour du diamètre AG (*fig.* 177). Soient B, C, D, etc., les points de division, et tirez les cordes AB,

BC, etc. La surface que le demi-polygone régulier ABCDEFG engendrera, en tournant autour de AG, se compose des surfaces engendrées séparément par les lignes AB, BC, etc. Menez les lignes BL, CK, DO, etc., perpendiculaires sur AG, tirez du centre O de la circonférence les droites égales OS, OT, etc., perpendiculaires aux cordes en leurs milieux, et considérez d'abord la surface engendrée par AB. C'est la surface latérale d'un cône droit dont la base a pour rayon BL, et dont la hauteur est AL. Elle a pour mesure le produit AB $\times \frac{1}{2}$ *circ.* BL (n° 167) ou, ce qui revient au même, AS $\times$ *circ.* BL. Or les triangles BAL et OSA sont semblables, parce qu'ils ont l'angle BAO commun, et parce que de plus l'angle droit OSA =BLA. On a donc AL : AS : : BL : OS, ou AL : AS : : *circ.* BL : *circ.* OS, car les circonférences sont entre elles comme les rayons. On conclut de cette proportion que le produit AL $\times$ *circ.* OS est égal au produit AS $\times$ *circ.* BL, qui mesure la surface décrite par AB.

Considérons maintenant la surface décrite par BC. C'est un tronc de cône dont la surface latérale a pour mesure le produit BC $\times$ *circ.* TH, la ligne TH étant la perpendiculaire abaissée du point T milieu de BC sur la ligne fixe AG (n° 168). Or, si on mène BV parallèle et par conséquent égale à KL, les deux triangles BCV et TOH seront semblables entre eux, parce que les angles CBV et OTH ont tous deux pour complément l'angle BTH, que par conséquent ces angles sont égaux, et que d'ailleurs les deux triangles sont rectangles; ainsi on aura la proportion BC : BV : : TO : TH ou BC : BV : : *circ.* TO : *circ.* TH. On conclut de cette proportion que la surface décrite par BC, qui a pour mesure le produit BC × *circ*. TH, a aussi pour mesure le produit BV × *circ*. TO ou LK × *circ*. OS.

On prouvera de même que les surfaces décrites par CD, DE, etc., ont respectivement pour mesure les produits KO × *circ*. OS, OI × *circ*. OS, etc.

Cela posé, si on ajoute toutes ces surfaces, on aura celle qui est produite par la révolution du demi-polygone ABCDEFGH, et on voit que sa mesure est le produit de *circ*. OS par la somme des lignes AL, LK, KO, etc., ou par le diamètre.

Pour évaluer la surface de la sphère, nous supposerons que le polygone ABCD, etc., ait une infinité de côtés. Alors la surface qu'il décrit en tournant autour de AG se confond avec celle de la sphère, et la circonférence dont le rayon est OS se confond avec celle dont le diamètre est AG. Ainsi, la surface de la sphère a pour mesure le produit de la circonférence d'un grand cercle, par le diamètre; et elle équivaut à 4 grands cercles, puisque la surface d'un grand cercle a pour mesure la circonférence multipliée seulement par la moitié du rayon (n° 123).

Application numérique. Quelle est la surface d'une sphère qui a 3 mètres de rayon?

La surface d'un grand cercle est égale au carré du rayon, multiplié par le rapport de la circonférence au diamètre, pour lequel nous prendrons par approximation le nombre $\frac{22}{7}$. Le carré du rayon est 9. Multipliant 9 par $\frac{22}{7}$, on trouve $\frac{198}{7}$, dont il faut prendre le quadruple ; la surface demandée exprimée en mètres carrés sera donc $\frac{792}{7}$ ou 113^{m},^{c}.1.

On appelle *zone sphérique*, la portion de la sphère interceptée entre deux plans perpendiculaires à un même diamètre. Ces deux plans coupent la sphère suivant deux cercles parallèles qui sont les *bases* de la zone. On peut regarder la zone comme engendrée par la révolution d'un arc de cercle CB (*fig.* 177), autour d'un diamètre AG. Les deux bases de la zone sont des cercles qui ont pour rayons les droites CK et BL menées par les extrémités de l'arc CB, perpendiculairement sur AG.

Si l'arc dont la rotation autour d'un diamètre engendre la surface de la zone, se termine à ce diamètre comme l'arc CA, la zone n'a plus qu'une base, dont le rayon est la perpendiculaire CK. Elle prend alors le nom de *calotte sphérique*. En raisonnant sur la surface engendrée par l'arc de cercle CB, comme pour la surface entière de la sphère engendrée par la révolution du demi-cercle entier ACG, autour du diamètre AG, on prouvera que la surface de la zone, engendrée par la révolution de CB, a pour mesure le produit de la circonférence dont l'arc CB est une partie, par la *hauteur* de la zone, c'est-à-dire par la portion KL du diamètre comprise entre les perpendiculaires CK et BL. Il suit de là que la surface d'une calotte sphérique a pour mesure le produit de la circonférence d'un grand cercle par la *hauteur* de la calotte.

XVIII.

Volume du parallélipipède, des prismes et du cylindre droit.

170.

Quand plusieurs polyèdres sont juxtaposés de différentes façons, les polyèdres différents, formés de leur assemblage, ont même volume. Par exemple, la pyramide quadrangulaire ABCDE (*fig.* 178), ayant pour base un parallélogramme BCDE, se compose de deux pyramides triangulaires ABCE, ACDE, dont les bases BCE, CDE, sont égales ; or si on déplace la pyramide ACDE, et si on la dispose de façon que sa base DCE coïncide avec BCE, et que son sommet A vienne au point H, le polyèdre nouveau ABCBH, ainsi formé, aura même volume que la pyramide ABCDE, bien qu'il ait une forme très différente.

On appelle *équivalents* les polyèdres qui ont même volume, et puisqu'on peut sans changer le volume d'un corps en déplacer les parties de toutes les manières possibles, des volumes très dissemblables peuvent être équivalents. Ainsi, une pyramide, une sphère, peuvent être équivalentes à un cube, et on peut se proposer d'apprécier le volume d'un corps quelconque, en cherchant combien de fois il contient un volume déterminé pris pour unité.

Les volumes que l'on prend pour unité sont des cubes dont le côté est égal à une des lignes qui servent de mesure pour les longueurs. Ainsi, mesurer un corps, c'est chercher combien de fois il contient le volume du cube dont le côté est égal, soit au mètre, au décimètre, au centimètre, etc.; soit au pied, au pouce, à la ligne.

On désigne les cubes qui servent de mesure pour les volumes, en écrivant le mot cube à la suite du mot qui désigne l'unité de longueur qu'on a prise pour côté du cube ; ainsi, on appelle *décimètre cube*, un cube qui a pour côté le décimètre ; et on appelle *mètre cube*, *pouce cube*, *ligne cube*, etc., des cubes qui ont pour côtés : le mètre, le pouce, la ligne, etc.

Pour subdiviser un parallélipipède rectangle, on partage en parties égales les trois arêtes qui aboutissent à un même sommet, et on mène par les points de division des plans perpendiculaires à ces arêtes.

Par exemple, considérons l'angle trièdre A (*fig.* 179) du parallélipipède rectangle ABCDEFGH ; supposons qu'on ait partagé AD en cinq parties égales, AB en trois parties, et AE en quatre parties. Si on mène par les points de division de AB des plans perpendiculaires à cette arête, le parallélipipède proposé sera partagé en trois tranches qui seront des parallélipipèdes rectangles égaux. D'un autre côté, si on mène par les points de division de AD et de AE des plans perpendiculaires à ces deux arêtes, chacune des trois premières tranches sera décomposée en parallélipipèdes égaux, représentés par le parallélipipède MNOPIKEF qui se trouve compris dans chaque tranche, un nombre de fois marqué par le produit des nombres 4 et 5, et qui sera contenu dans le parallélipipède proposé, un nombre de fois

VOLUME DU PARALLÉLIPIPÈDE.

marqué par le produit des trois nombres 3, 4 et 5. Ce produit est 60, et le petit parallélipipède rectangle MNOPIKLF est $\frac{1}{60}$ du parallélipipède proposé. *En général, quand on partage les trois arêtes d'un parallélipipède rectangle en parties égales, et qu'on mène par les points de division des plans perpendiculaires aux arêtes, il se trouve décomposé en parallélipipèdes rectangles égaux, dont chacun est une partie du premier parallélipipède indiquée par une fraction qui a pour numérateur l'unité, et pour dénominateur le produit des trois nombres de parties égales comprises sur chaque arête.*

171.

Le volume d'un parallélipipède rectangle a pour mesure le produit des trois arêtes qui aboutissent à un même sommet.

La règle qui sert à évaluer le volume d'un parallélipipède rectangle est une extension de celle que nous avons donnée pour mesurer les rectangles. Il faut évaluer en mètres et parties de mètre les trois arêtes qui aboutissent à un même sommet, et le produit des trois nombres, qui représenteront ces arêtes, indiquera combien le parallélipipède contient de mètres cubes et parties de mètre cube. Nous démontrerons cette règle comme nous avons démontré celle du n° 118.

Supposons d'abord que les trois arêtes AB, AD, AE (*fig.* 179), aboutissant à un même sommet, renferment chacune un nombre exact de mètres; par exemple, qu'on ait AB=6, AE=5, AD=4. Menons par les points de division de AB des plans perpendiculaires à AB, qui partageront le parallélipipède en six tranches égales. Menons de même par les points de division de AD et de AE des plans perpendiculaires à ces deux arêtes. Le volume sera ainsi décomposé en parallélipipèdes rectangles égaux au mètre cube, et le nombre de ces mètres cubes sera le produit des trois nombres 6, 5 et 4, qui est à 120.

Supposons maintenant que les longueurs des trois arêtes soient exprimées par des nombres décimaux, et que, par exemple, on ait AB=6^m,3, AE=7^m,4, et AD=9^m,87. On pourra mener par les points de division de AB des plans perpendiculaires à AB, qui partageront le solide en 63 parallélipipèdes rectangles égaux, ayant une base égale au rectangle ADFE et une hauteur d'un décimètre. De même en menant des plans perpendiculaires à AE, on peut partager le parallélipipède donné en 74 tranches ayant une base égale à ABCD et une hauteur d'un décimètre; et enfin si on mène des plans perpendiculaires à AD, le parallélipipède sera partagé en 987 tranches ayant une base égale à ABHE et une hauteur d'un centimètre. On voit qu'en menant à la fois des plans perpendiculaires aux trois arêtes, on décompose le parallélipipède rectangle en parallélipipèdes égaux, dont le nombre sera le produit des trois nombres 63, 74 et 987. Ce produit est 4601394. D'ailleurs ces parallélipipèdes auront un décimètre d'épaisseur dans le sens parallèle à AB, un centimètre dans le sens parallèle à AD, et un décimètre dans le sens parallèle à AE, et chacun d'eux sera $\frac{1}{10000}$ du mètre cube (n° 170). Donc le parallélipipède ABCDEFGH contient 4601394 fois la dix-millième partie de l'unité du volume, et il est représenté par le nombre

VOLUME DU PARALLÉLIPIPÈDE. 225

décimal 460,1394, qui est le produit des trois nombres décimaux qui expriment les trois arêtes.

Enfin, si les trois arêtes sont évaluées en fractions ordinaires, si, par exemple, on a $AB = 3 + \frac{1}{2}$ ou $\frac{7}{2}$, $AD = 7 + \frac{1}{3}$ ou $\frac{22}{3}$ et $AE = 3 + \frac{1}{5}$ ou $\frac{16}{5}$; la démonstration sera encore une extension de celle du n° 118. On partagera le parallélipipède en 7 tranches qui auront un demi-mètre d'épaisseur dans le sens parallèle à AB, en 22 tranches qui auront $\frac{1}{3}$ de mètre d'épaisseur dans le sens parallèle à AD, et enfin en 16 tranches d'un cinquième de mètre d'épaisseur dans le sens parallèle à AE. Le parallélipipède pourra être ainsi décomposé en parallélipipèdes égaux dont le nombre sera le produit des trois numérateurs 7, 22, et 16. Ce produit est 2464. Chaque parallélipipède sera $\frac{1}{30}$ du mètre cube, parce que ses arêtes sont $\frac{1}{2}$, $\frac{1}{3}$ et $\frac{1}{5}$ de mètre (n° 170). Le parallélipipède proposé contiendra donc 2464 fois la trentième partie du mètre cube, et sera exprimé par le nombre $\frac{2464}{30}$ ou $82 + \frac{2}{15}$ qui est le produit des trois nombres $\frac{7}{2}$, $\frac{22}{3}$ et $\frac{16}{5}$.

Quand les arêtes du parallélipipède rectangle sont incommensurables, c'est-à-dire ne se composent pas d'un nombre exact de mètres ou de parties de mètre, la règle que nous venons de démontrer est toujours vraie, en ce sens que si on évalue approximativement les trois arêtes, et si on multiplie entre eux les trois nombres qui les expriment, on a le volume d'un parallélipipède qui différera d'autant moins du parallélipipède proposé, que les trois arêtes auront été évaluées avec une plus grande approximation.

Comme le produit des deux arêtes AB, et AD (*fig.* 179), qui sont les côtés de la base ABCD, représente la surface de ce rectangle (n° 118), on dit aussi que le volume d'un parallélipipède rectangle est égal au produit de la surface de sa base par sa hauteur : c'est-à-dire que le nombre de mètres cubes que contient ce volume est égal au nombre de mètres carrés contenus dans la surface d'une des bases, multiplié par le nombre de mètres contenus dans une des arêtes perpendiculaires à cette base.

172.

Le volume d'un parallélipipède droit est égal au produit de la surface d'une de ses faces latérales, par la distance de cette face à la face parallèle.

Le parallélipipède ABCDOPQR (*fig.* 180), dans lequel les faces parallèles ABCD et OPQR sont deux parallélogrammes égaux dont les plans sont perpendiculaires aux arêtes AO, BP, CQ et DR, est nommé *droit*. Il s'agit d'établir une règle qui serve à évaluer son volume. L'angle ADR étant droit, on peut mener suivant DR un plan perpendiculaire à AD, qui coupera PQ et BC aux points I et H. On peut mener aussi suivant AO un plan perpendiculaire à AD, qui coupera les prolongements de PQ et de BC aux points K et L; on forme ainsi le parallélipipède ORIKADHL dont les six faces sont des rectangles, et qui est équivalent au parallélipipède droit. En effet, ces deux parallélipipèdes ont la partie commune ABHDOPIR, et de plus les volumes DHCRIQ et ALBOKP sont égaux; car si on transportait le premier sur le second, de manière que le triangle rectangle DHC recouvrît son égal ALB, les lignes HI, CQ, DR, perpendiculaires au plan du premier triangle, se placeraient sur leurs égales LK, BP, AO, et le triangle RIQ recouvrirait son égal KOP. Or le parallélipipède rectangle a pour mesure la surface de la base OKIR multipliée par la hauteur AO (n° 171) ; d'ailleurs la surface du rectangle OKIR est équivalente à celle du parallélogramme OPQR ; donc il est déjà prouvé que le volume du parallélipipède droit a pour mesure le produit de la surface de la base OPQR par la hauteur AO.

Comme le volume du parallélipipède rectangle ORIKADHL a aussi pour mesure la surface de la base ADRO multipliée par la hauteur OK, qui est la distance des faces parallèles AORD et PBCQ, on voit aussi que le volume d'un parallélipipède droit, dont la base est un parallélogramme obliquangle, a pour mesure la surface d'un rectangle latéral multipliée par sa distance à la face parallèle.

173.

Un parallélipipède oblique quelconque a pour mesure le produit de la surface d'une de ses bases par la distance de cette base à la base parallèle.

Je dis que le parallélipipède oblique ABCDOPQR (*fig.* 181) a pour mesure le produit de la surface d'une de ses bases, par exemple, de la base ABCD, par la distance de cette face à la face parallèle OPQR. En effet, menons par l'extrémité A d'un côté AB de la base ABCD, un plan perpendiculaire à AB, qui coupera aux points M, N, I, les trois arêtes parallèles à AB. Menons aussi par le point B un second plan perpendiculaire à AB, qui coupera les prolongements de ces trois arêtes aux points H, K, S. Nous formerons ainsi un parallélipipède droit AMNIBHKS, qui sera équivalent au parallélipipède oblique, car ils ont la partie commune AMCBINQP, et il est facile de reconnaître que le le polyèdre BCHPQKS est égal au polyèdre ADMORNI. En effet, on peut transporter la face BHKS sur son égale AMNI; alors la ligne HC perpendiculaire au plan BHKS se placera sur son égale MD, et de même la ligne KQ se placera sur son égale NR, et la ligne PS sur son égale OI. Or le parallélipipède droit AMHBINKS a pour mesure la surface de AMHB, ou, ce qui est la même chose, la surface de ABCD multipliée par la distance de cette face au plan de la face opposée (n° 172). Donc le parallélipipède oblique a pour mesure le même produit.

174.

Le plan qui passe par deux arêtes opposées d'un parallélipipède, le partage en deux prismes triangulaires de même volume.

Par les arêtes opposées AP et CR du parallélipipède ABCDPQRS (*fig.* 182), je fais passer un plan ACRP qui le partage en deux prismes triangulaires ABCPQR et ACDPRS. Ces deux prismes ont toutes leurs faces égales deux à deux; mais on ne pourrait pas les superposer l'un sur l'autre, parce que les angles trièdres correspondants, c'est-à-dire ceux qui sont formés par des angles plans égaux, sont symétriques l'un de l'autre (n° 157). On ne peut donc pas regarder comme évident que ces deux prismes triangulaires ont le même volume; mais on le démontre de la manière suivante. On prolonge au-dessous de la face PQRS les faces latérales du prisme, et après avoir pris sur l'arête AP une longueur quelconque A*a*, et sur le prolongement la longueur P*p* = A*a*, on mène par les points *a* et *p* des plans perpendiculaires à AP, qui coupent la surface latérale du parallélipipède ABCDPQRS, suivant les sections *abcd*, *pqrs*.

Le prisme triangulaire droit *bacpqr* a même volume que le prisme triangulaire oblique BACPQR. Car ils ont une partie commune *bac* PQR, et les polyèdres *pqr* PQR, *bac* BAC, sont égaux. En effet, si on transporte le second de manière que la face *bac*, recouvre la face *pqr* qui lui est égale, la droite A*a* perpendiculaire à la face *bac*, tombera sur *p*P qui est perpendiculaire à la face *pqr*, et le point A tombera sur le point P, parce que *a*A = *p*P. De même les points B et C tomberont sur les points Q et R. Donc les polyèdres *pqr* PQR, et *abc* ABC, auront tous leurs sommets communs et coïncideront. On prouverait de même que le prisme triangulaire droit *prsacd* a même volume que le prisme triangulaire oblique PRSACD. Mais les deux prismes triangulaires droits *pqrbac* et *prsacd*, sont égaux entre eux; c'est-à-dire superposables. Donc les deux prismes obliques ABCPQR et ACDPRS, ont le même volume.

175.

Le volume d'un prisme a pour mesure le produit de la surface de sa base par sa hauteur, c'est-à-dire par la distance des deux bases parallèles.

Considérons le prisme triangulaire ABCDEF (*fig.* 183), menons DH parallèle à EF et FH parallèle à DE, et achevons le parallélipipède BAGCEDHF. Ce parallélipipède a pour mesure le produit de la surface de sa base EDHF par sa hauteur ou par la distance de cette base à la base supérieure (n° 173). Mais le volume du prisme triangulaire ABCDEF est la moitié de celui du parallélipipède, d'après la proposition précédente. Donc la mesure du prisme triangulaire ABCDEF sera la moitié de celle du parallélipipède, et égale au produit de la base EDF par la hauteur du prisme.

Le prisme quelconque ABCDEFG, etc. (*fig.* 184), peut être décomposé en prismes triangulaires par des plans AGKC, AGID, etc., menés suivant les arêtes latérales. Chacun de ces prismes a pour mesure le produit de la surface du triangle qui lui sert de base par la hauteur. Donc le prisme entier, qui est la somme de ces prismes triangulaires, aura pour mesure le produit de la surface du polygone qui lui sert de base par la hauteur.

176.

Le volume d'un cylindre a pour mesure le produit de sa hauteur, par la surface de sa base.

Pour déterminer la mesure du volume d'un cylindre droit à base circulaire, inscrivons dans le cercle qui en est la base inférieure, un polygone régulier PQRSTU (*fig.* 185), et menons par les sommets de ce polygone des perpendiculaires au plan de la base inférieure, qui rencontrent la base supérieure aux points I, K, L, etc. Les polygones PQRSTU et IKLMNO sont les bases d'un prisme droit qui a pour mesure la surface de sa base, multipliée par la hauteur. Donc en considérant le

VOLUME DU CYLINDRE.

cylindre comme un prisme droit dont la base est un polygone régulier d'une infinité de côtés, on voit que le volume du cylindre a pour mesure la surface de la base multipliée par la hauteur.

Première application numérique. Quel est le volume du cylindre qui a 2 mètres de rayon et 11 mètres de hauteur?

On calculera la surface du cercle qui a 2 mètres de rayon, en multipliant le carré du nombre qui exprime le rayon, par un des nombres qui expriment approximativement le rapport de la circonférence au diamètre, par exemple, par le nombre $\frac{355}{113}$. Multipliant le carré du rayon, qui est 4, par $\frac{355}{113}$, on trouve le nombre $\frac{1420}{113}$, qu'il faut multiplier par 11, et le produit $\frac{15620}{113}$ ou 138,2 représente en mètres cubes le volume du cylindre.

Deuxième application numérique. Quel doit être le rayon du cylindre qui a 20 pieds de hauteur, pour que son volume soit 33 pieds cubes?

Comme le nombre qui exprime le volume est le produit de 20 par le nombre qui exprime la surface de la base, il faut diviser 33 par 20 pour connaître la surface de la base. Le quotient est $\frac{33}{20}$. D'ailleurs, la surface d'un cercle est le produit du carré du rayon par le rapport de la circonférence au diamètre. Donc on connaîtra le carré du rayon en divisant $\frac{33}{20}$ par le nombre $\frac{22}{7}$, qui exprime ce rapport approximativement. Le quotient est $\frac{251}{440}$, dont la racine carrée est $\frac{318}{440}$ ou $\frac{159}{220}$ qui sera le rayon à moins de $\frac{1}{440}$ près.

XIX.

Pyramides équivalentes, considérées comme des séries de tranches parallèles et infiniment minces. — Volume des pyramides et du cône.

177.

Deux pyramides triangulaires qui ont même sommet, et pour base les deux triangles égaux dont se compose un parallélogramme, sont égales en volume.

Les pyramides ABCE et ACDE (*fig.* 186) qui ont pour sommet le point A et pour bases les triangles CBE et CDE qui composent le parallélogramme BCDE, sont égales en volume.

En effet, partagez en parties égales la hauteur commune des deux pyramides, et menez par les points de division des plans parallèles à celui des bases. Ils coupent la surface de la pyramide ABCDE, suivant des quadrilatères *fghi*, *jklm*, etc., qui sont des parallélogrammes. Par exemple, les lignes *fg* et *ih*, qui sont respectivement parallèles aux lignes BE et CD, sont parallèles entre elles, et de même *fi* est parallèle à *gh*. Cela posé, menez les lignes *fo*, *gp*, et *hq* parallèles à AC, et achevez le parallélipipède C*opqfghi*. Construisez de même depuis la base jusqu'au sommet A, une série de parallélipipèdes, qui auront pour bases les sections déterminées par les plans parallèles, et dont les arêtes latérales seront parallèles à AC. Les deux séries de prismes ainsi déterminées dans chacune des pyramides ABCE et ACDE, auront des volumes égaux, parce qu'elles se composeront de prismes triangulaires équivalents deux à deux

VOLUME DE LA PYRAMIDE. 233

(n° 174). D'ailleurs en menant des plans parallèles à BCDE, de plus en plus rapprochés, on peut faire que les deux séries de prismes approchent de plus en plus d'avoir même volume que les pyramides ABCE et ACDE ; donc ces deux pyramides sont équivalentes.

178.

Le volume d'une pyramide a pour mesure le produit de sa base par le tiers de sa hauteur.

Considérons la pyramide triangulaire ADEF (*fig.* 187) ; menons par les sommets E et F les lignes EB et FC égales et parallèles à AD, et achevons le prisme triangulaire ABCDEF, qui aura même base et même hauteur que la pyramide ADEF. Faisons passer un plan par les sommets A, E, C, le prisme triangulaire se composera des trois pyramides AEDF, AECF et ABCE.

La pyramide AECF a même volume que la pyramide AEBC, parce qu'elles ont pour sommet commun le point A, et pour bases les deux triangles CEF et CBE, qui composent le parallélogramme EBCF (n° 177).

La pyramide AECF est aussi équivalente à la pyramide AEDF, parce qu'on peut les considérer comme ayant pour sommet commun le point E, et pour bases les deux triangles qui composent le parallélogramme ADFC. Donc les trois pyramides qui composent le prisme triangulaire ont même volume, et la mesure de la pyramide ADEF sera le tiers de celle du prisme, c'est-à-dire le produit de la base DEF par le tiers de la hauteur (n° 175).

Le volume d'une pyramide ABCDEF (*fig.* 188), qui a pour base un polygone quelconque, a aussi pour mesure le produit de sa base par le tiers de sa hauteur ; car, en menant des plans suivant l'arête AB et les arêtes AD, AE, etc., on partage la pyramide en pyramides triangulaires, qui ont chacune pour mesure le produit du triangle qui leur sert de base par la hauteur commune.

On voit aussi que deux pyramides, qui ont des bases équivalentes et une même hauteur, ont la même mesure, et sont égales en volume.

179.

Tout polyèdre peut être décomposé en pyramides triangulaires.

Nous venons de donner les règles qui servent à évaluer le volume des polyèdres les plus remarquables par leur forme ; d'ailleurs, il suffit de savoir évaluer celui d'une pyramide triangulaire pour mesurer le volume d'un polyèdre quelconque.

En effet, on peut toujours partager un polyèdre en pyramides triangulaires, de même qu'on décompose un polygone en triangles par des diagonales menées à partir d'un même sommet. Il suffit pour cela de considérer un des sommets du polyèdre en particulier, et de partager en triangles celles des faces de ce polyèdre qui n'aboutissent pas au sommet qu'on a choisi. La somme des pyramides qui ont pour bases ces triangles et pour sommet commun celui qu'on a considéré, forme le volume du polyèdre. Par exemple, le prisme ABCDEF (*fig.* 187) se compose de trois pyramides qui ont leur sommet commun au point E, et pour bases les triangles BAC, CAF, AFD, dont se composent les faces qui ne passent pas par le point E.

VOLUME DE LA PYRAMIDE.

De même, pour le parallélipipède ABCDMNOP (*fig.* 162), si on partage en deux triangles chacune des trois faces DCOP, BCON, NOPM, qui ne passent pas le point A, on voit que le polyèdre entier se composera de 6 pyramides triangulaires qui auront pour bases les six triangles ainsi obtenus, et pour sommet commun le point A.

180.

Le volume d'un cône a pour mesure la surface de la base multipliée par le tiers de la hauteur.

Inscrivez dans le cercle qui est la base du cône un polygone régulier CDEFGH (*fig.* 189), et considérez la pyramide appelée *pyramide régulière inscrite*, qui a pour base ce polygone et pour sommet le sommet du cône. Son volume a pour mesure le produit de la surface du polygone qui lui sert de base par le tiers de la hauteur AB (n° 178). Or, on peut considérer le cône comme une pyramide régulière dont la base est un polygone d'une infinité de côtés ; donc le volume du cône a pour mesure la surface du cercle qui lui sert de base, multipliée par le tiers de la hauteur.

Application numérique. Calculer le volume d'un cône qui a pour base le cercle dont le rayon est de $5^m,3$, et une hauteur de $3^m,3$.

Si on mesure la surface de la base, en prenant le nombre 3,14 pour le rapport approché de la circonférence au diamètre, on trouve qu'elle est exprimée en mètres carrés par le nombre 88,2026; et en multipliant ce nombre d'après la règle précédente, par le tiers de la hauteur, qui est de 1,1, on a le nombre 97,02286, qui exprime en mètres cubes le volume demandé.

XX.

Volume de la sphère décomposée en une infinité de pyramides qui ont leur sommet à son centre. — Volume des segments et des secteurs sphériques.

181.

Le volume de la sphère a pour mesure sa surface multipliée par le tiers du rayon.

Si on mène des plans perpendiculaires à l'extrémité d'un nombre quelconque de rayons d'une sphère, ils déterminent, par leurs intersections mutuelles, un polyèdre dont toutes les faces sont tangentes à la sphère, et dont le volume a pour mesure la surface de ce polyèdre multipliée par le tiers du rayon ; car il se compose de pyramides qui ont toutes leur sommet au centre de la sphère, et pour bases les faces perpendiculaires aux rayons. D'ailleurs on peut multiplier à l'infini le nombre des plans tangents, de manière que le volume et la surface du polyèdre qu'ils déterminent diffèrent aussi peu qu'on voudra du volume et de la surface de la sphère ; donc le volume de la sphère a aussi pour mesure sa surface multipliée par le tiers du rayon.

Par exemple : nous avons trouvé (n° 169) que la surface de la sphère qui a trois mètres de rayon est exprimée en mètres carrés par le nombre 113,1. Il faudrait encore multiplier ce nombre par le tiers du rayon pour évaluer le volume en mètres cubes, et comme le tiers du rayon est 1, le volume sera aussi exprimé par le nombre 113,1 ; et

VOLUME DE LA SPHÈRE.   237

en général on voit que le volume d'une sphère dont le rayon est 3 contient autant d'unités cubiques que sa surface contient d'unités carrées.

Seconde application numérique. On demande quel doit être le rayon d'une sphère pour que son volume soit de cent mètres cubes ?

Pour calculer le volume d'une sphère dont on connaît le rayon, il faut, d'après les règles précédentes, multiplier le carré du rayon par le rapport de la circonférence au diamètre, ce qui donne la surface d'un grand cercle, multiplier ce produit par 4 pour avoir la surface de la sphère, et, en dernier lieu, multiplier ce second produit par le tiers du rayon. Ces opérations successives reviennent à multiplier le cube du rayon par quatre fois le tiers du rapport de la circonférence au diamètre, où par le nombre 4,188, si nous prenons le nombre 3,141 pour ce rapport. Donc si le volume de la sphère est représenté par 100, on connaîtra le cube du rayon en divisant 100 par 4,188 ; le quotient est 23,8777, et le nombre 2,87, qui en est la racine cubique approchée, exprime le rayon de la sphère, dont le volume est de 100 mètres cubes.

182.

Volume des segments et des secteurs sphériques.

On appelle *secteur sphérique* le volume engendré par la révolution d'un secteur circulaire ABC (*fig.* 190), qui tourne autour d'un diamètre SM, de manière que chacun des points de sa surface décrive un cercle qui aura pour rayon la perpendiculaire abaissée de ce point sur le diamètre. La zone engendrée par l'arc AB se nomme la base du secteur. Un secteur sphérique, ainsi que la sphère entière, peut être considéré comme composé d'une infinité de pyramides ayant leur sommet au centre de la sphère, et leur base sur la surface de la zone, qui est la base du secteur. Donc son volume a pour mesure le produit de la surface de la zone qui lui sert de base par le tiers du rayon.

On appelle *segment sphérique* une portion du volume de la sphère interceptée entre deux plans parallèles. Si on abaisse des points A et B des perpendiculaires BH et AK sur le diamètre SM, la figure AKHBO engendrera un segment sphérique en tournant autour de SM. Pour connaître son volume, on retranchera d'abord le volume du cône engendré par le mouvement du triangle rectangle ACK autour de KC, du secteur sphérique engendré par le mouvement de ACSO. On aura ainsi le volume du segment sphérique à une seule base, engendré par le mouvement de la figure AKSBO autour de KS. Il ne restera plus qu'à retrancher de ce volume celui qui est engendré par le mouvement de la figure BSH, et que l'on peut déterminer en retranchant le volume du cône engendré par BCH du volume du secteur sphérique engendré par BSC.

FIN.

TABLE

DES MATIÈRES CONTENUES DANS CE VOLUME.

	Pages
PROGRAMME de l'Enseignement de la Géométrie dans les colléges royaux de Paris et de Versailles..........	5
APPENDICE A L'ARITHMÉTIQUE.	
Racines carrées des nombres entiers.............	Id.
Racines carrées des nombres décimaux...........	17
Racines carrées des fractions ordinaires..........	20
Racines cubiques des nombres entiers............	22
GÉOMÉTRIE ÉLÉMENTAIRE.	
Premières définitions.........................	31
De la règle et du compas......................	34
Rapport et commune mesure des lignes droites.....	38
Mesure des lignes droites......................	43
GÉOMÉTRIE PLANE.	
Des angles et de leur mesure...................	49
Perpendiculaires et obliques....................	63
Sécantes et tangentes au cercle.................	66
Problèmes...................................	70
Théorie des parallèles.........................	76
Problèmes...................................	87
Propriétés des triangles.......................	90
Intersections et contact des cercles..............	97
Problèmes...................................	102
Quadrilatères................................	109
Polygones quelconques........................	113
Polygones réguliers...........................	115

TABLE DES MATIÈRES.

	Pages
Lignes proportionnelles	120
Triangles semblables	127
Problèmes	134
Instruments pour le tracé des plans	139
Mesure des hauteurs et des distances	144
Similitude des polygones	147
Contour des cercles	153
Sécantes et tangentes au cercle	157
Mesure des surfaces	159
Problèmes	172

GÉOMÉTRIE DANS L'ESPACE.

Perpendiculaires et obliques dans l'espace	178
Parallèles dans l'espace	184
Plans perpendiculaires	186
Plans parallèles	188
Fil à plomb et niveau	190
Angles polyèdres	193
Du prisme et du cylindre	198
Du parallélipipède	201
De la pyramide et du cône	203
De la sphère	207
Surfaces des corps ronds	213
Volume du parallélipipède	221
Volume du prisme	228
Volume du cylindre	230
Volume de la pyramide	232
Volume de la sphère	236

FIN DE LA TABLE.

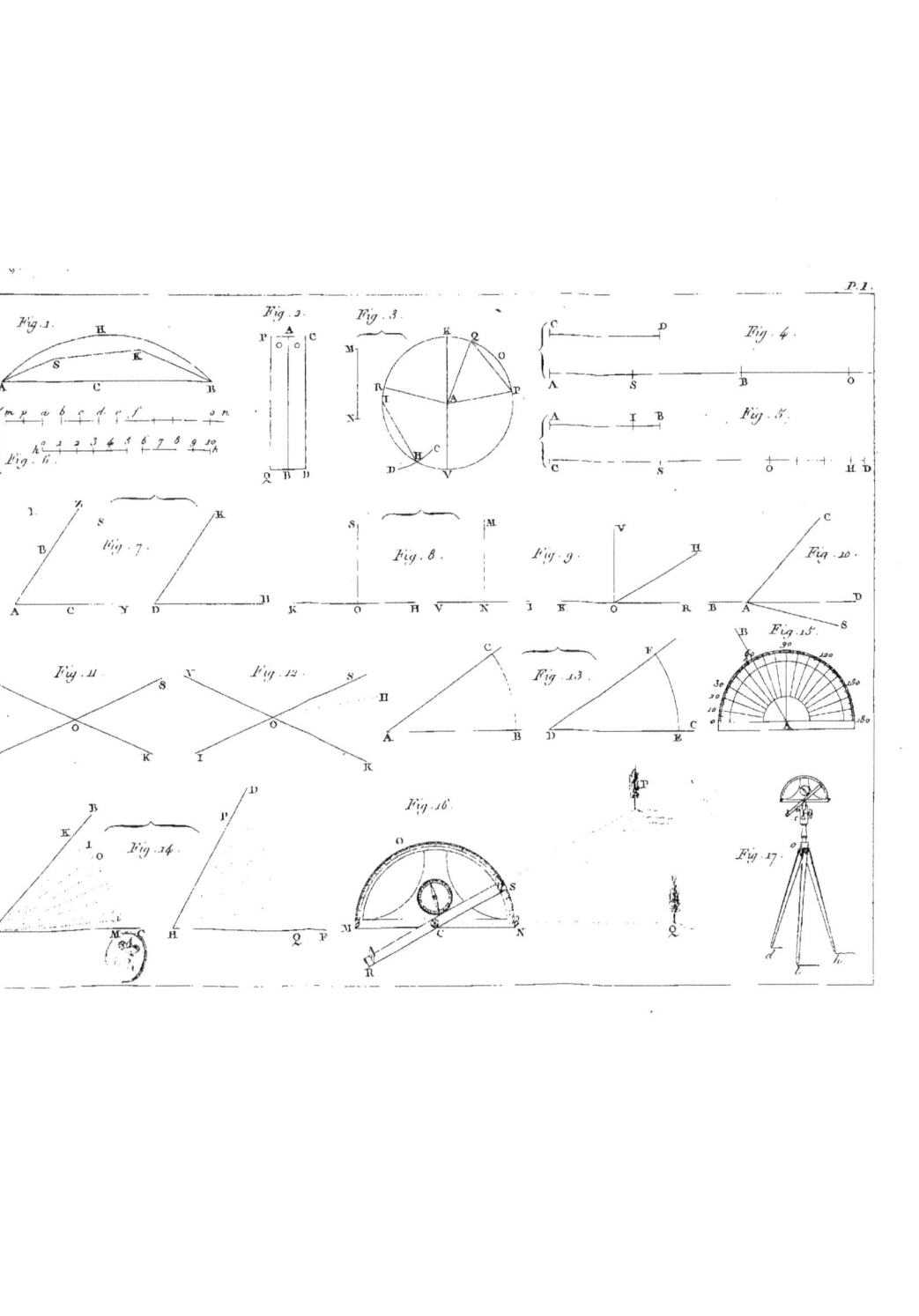

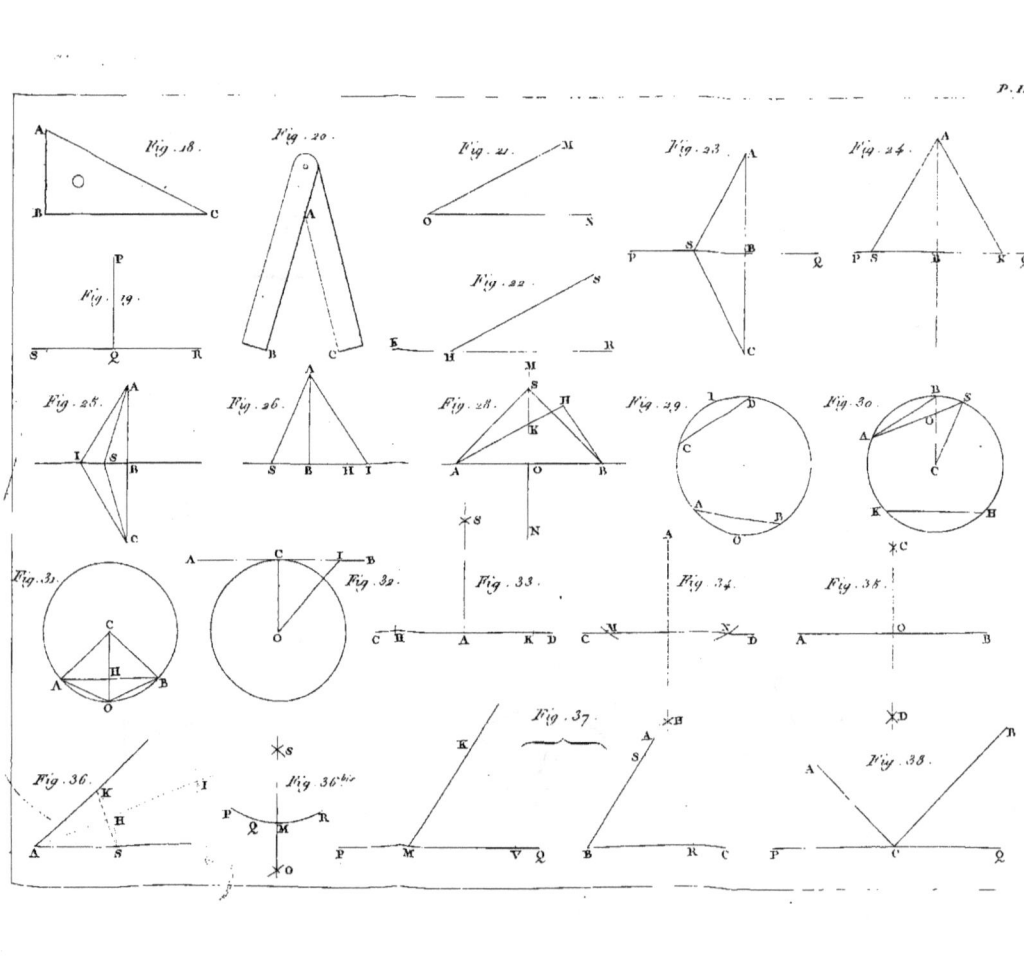

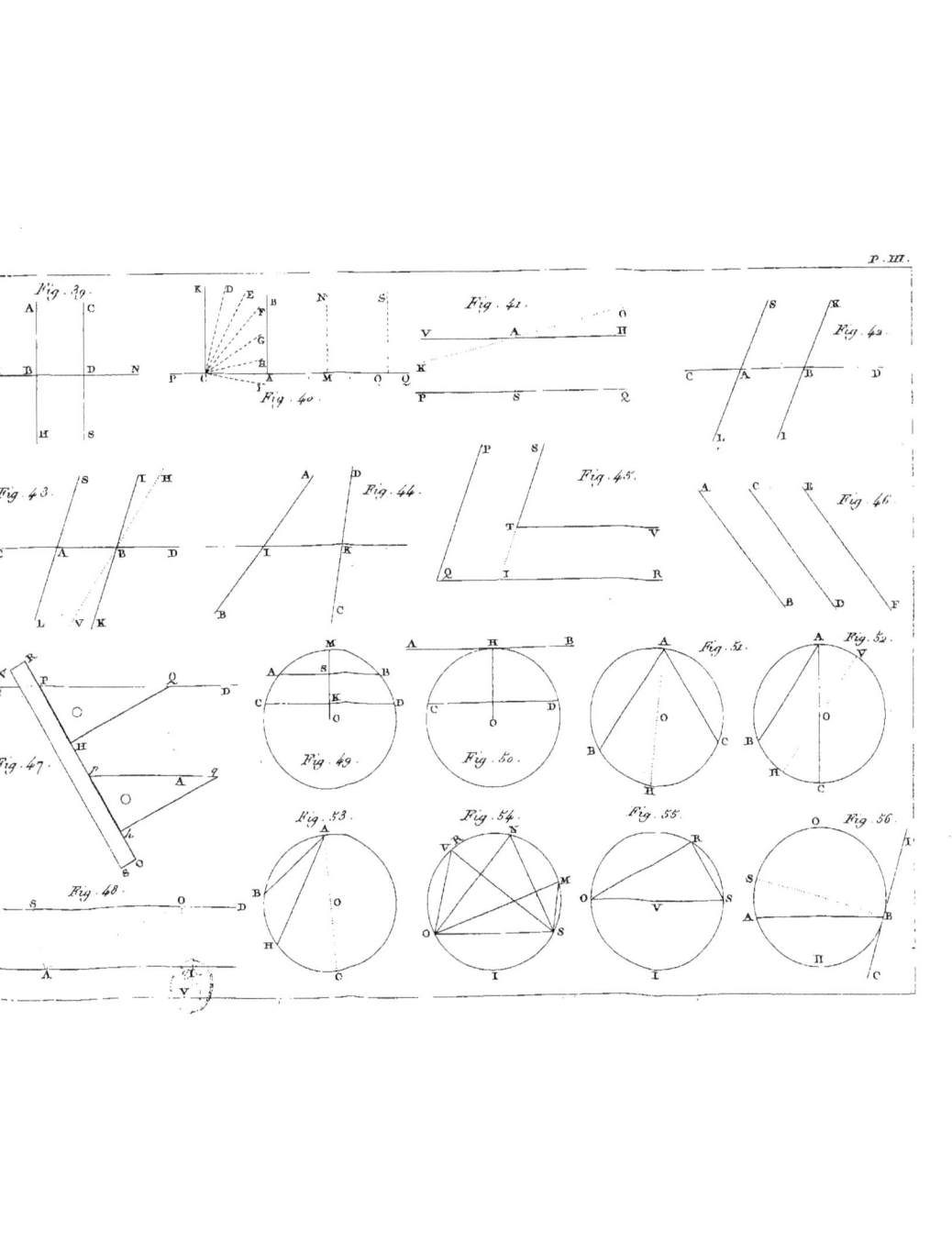

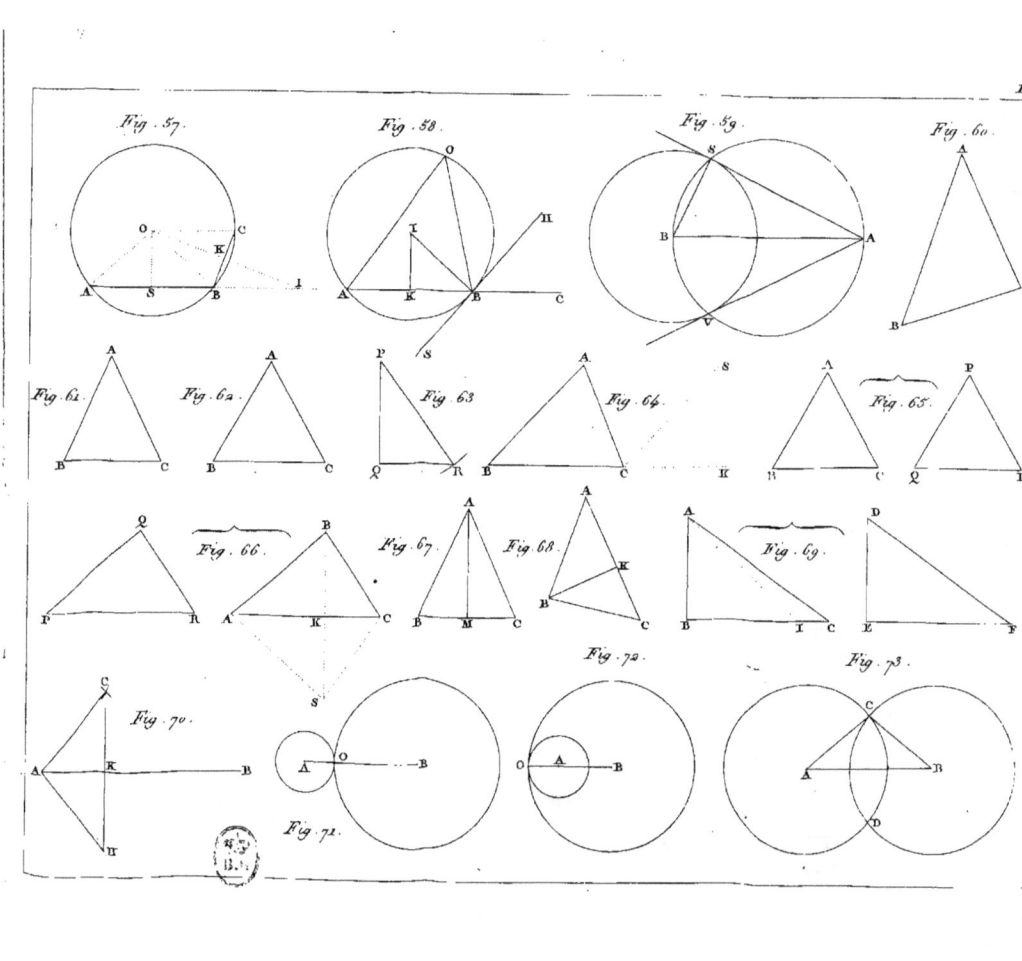

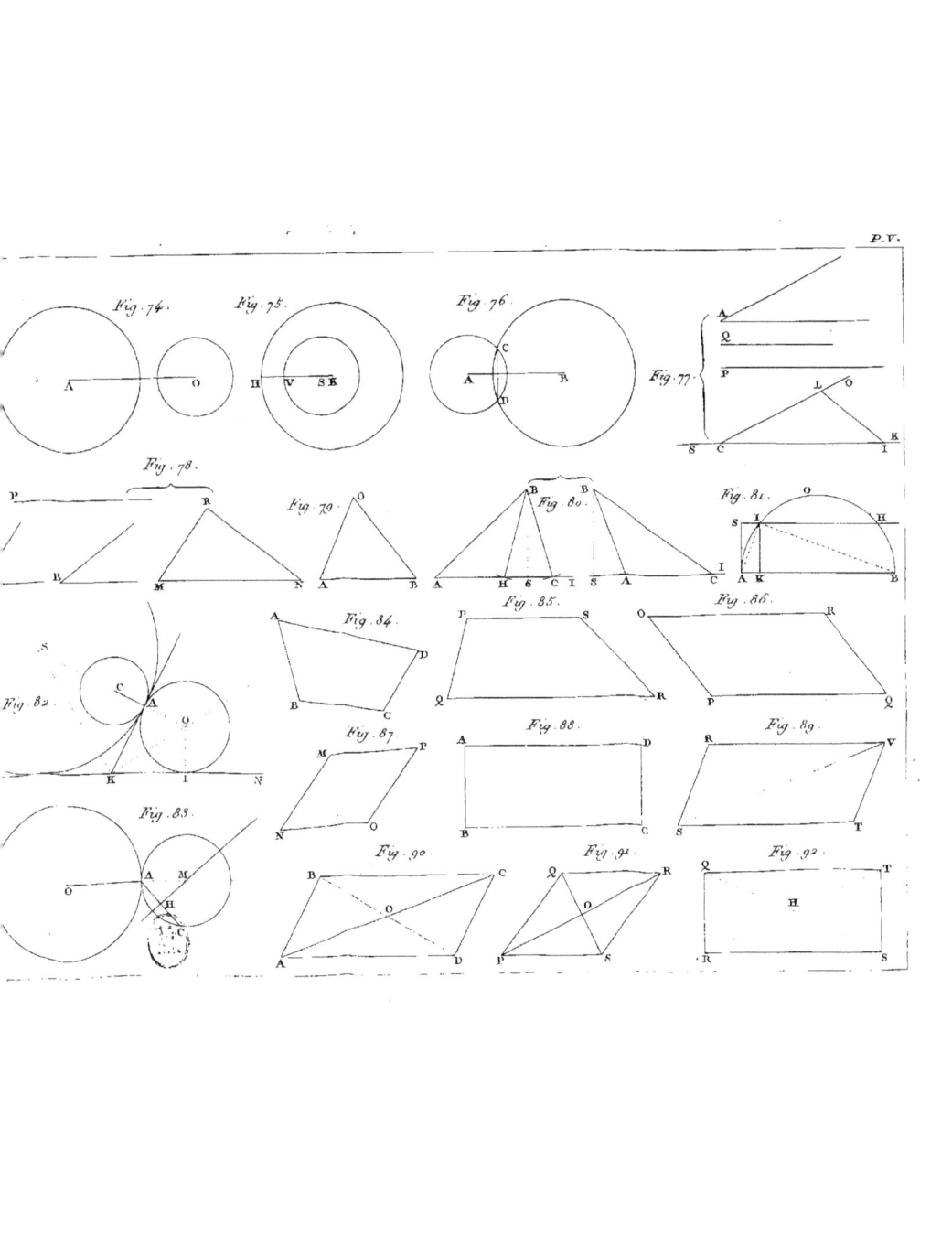

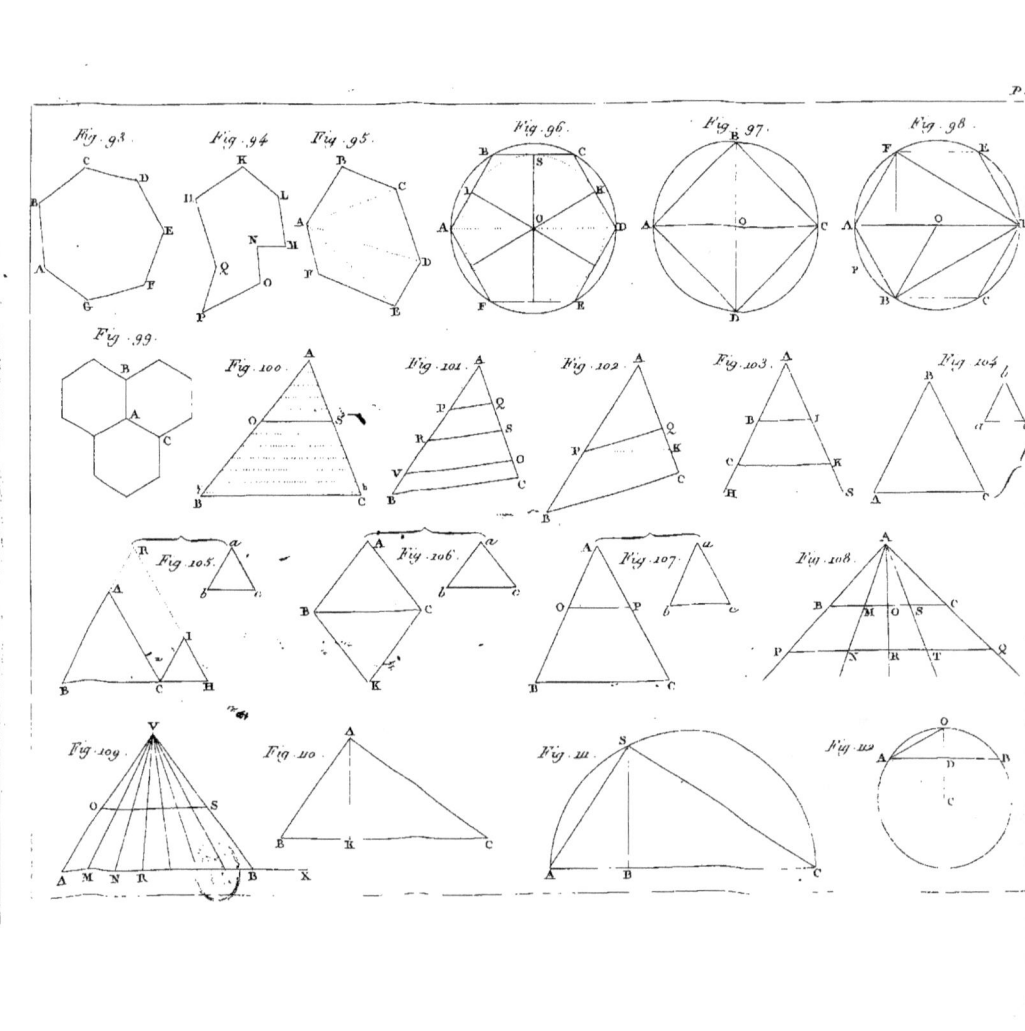

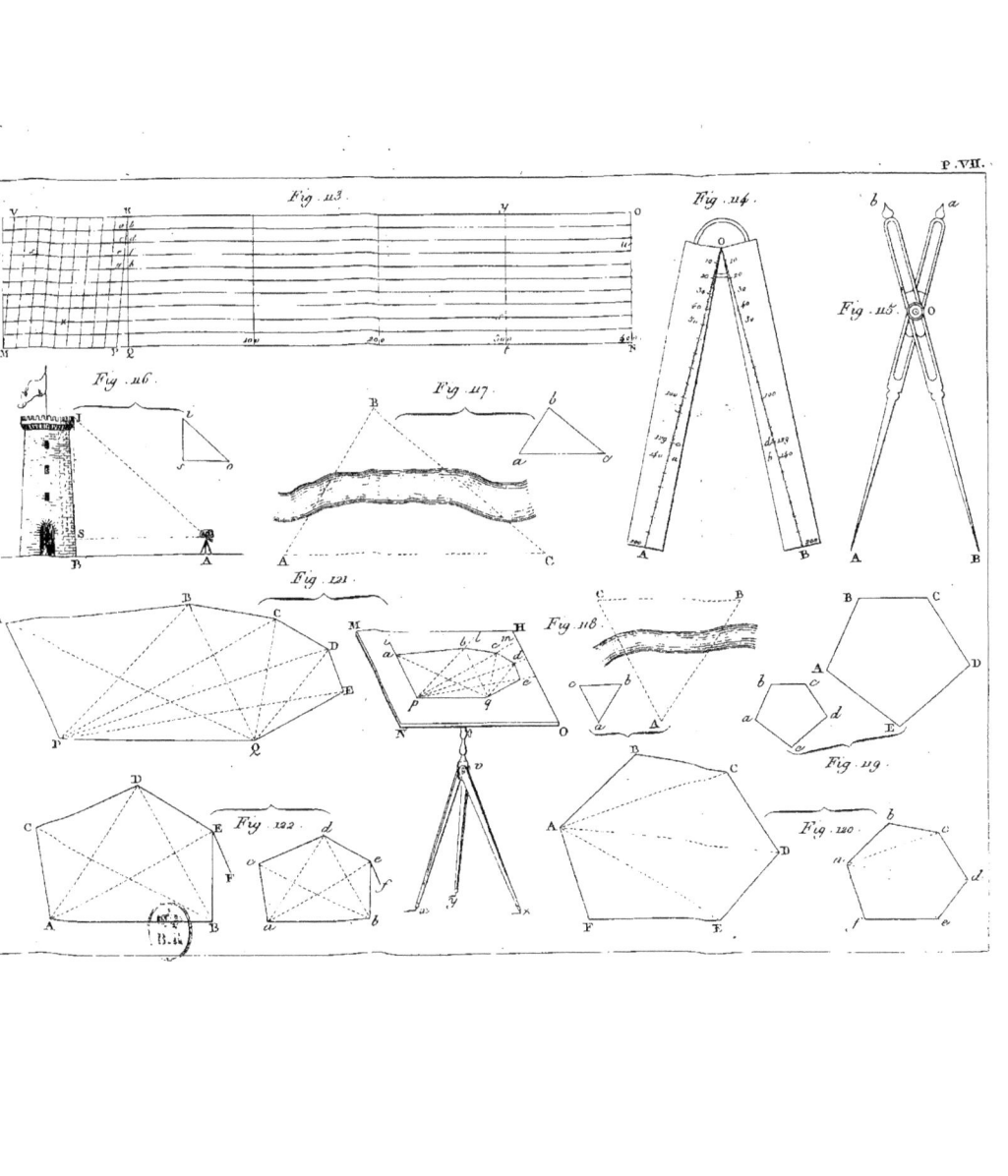

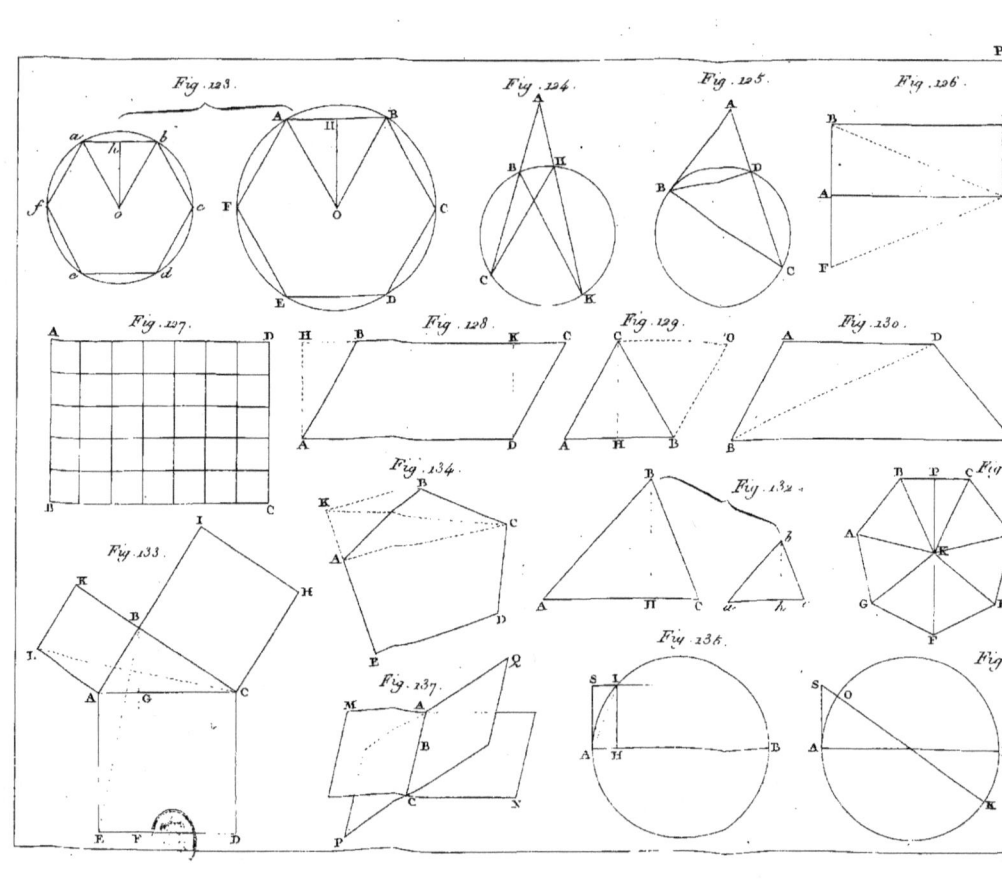

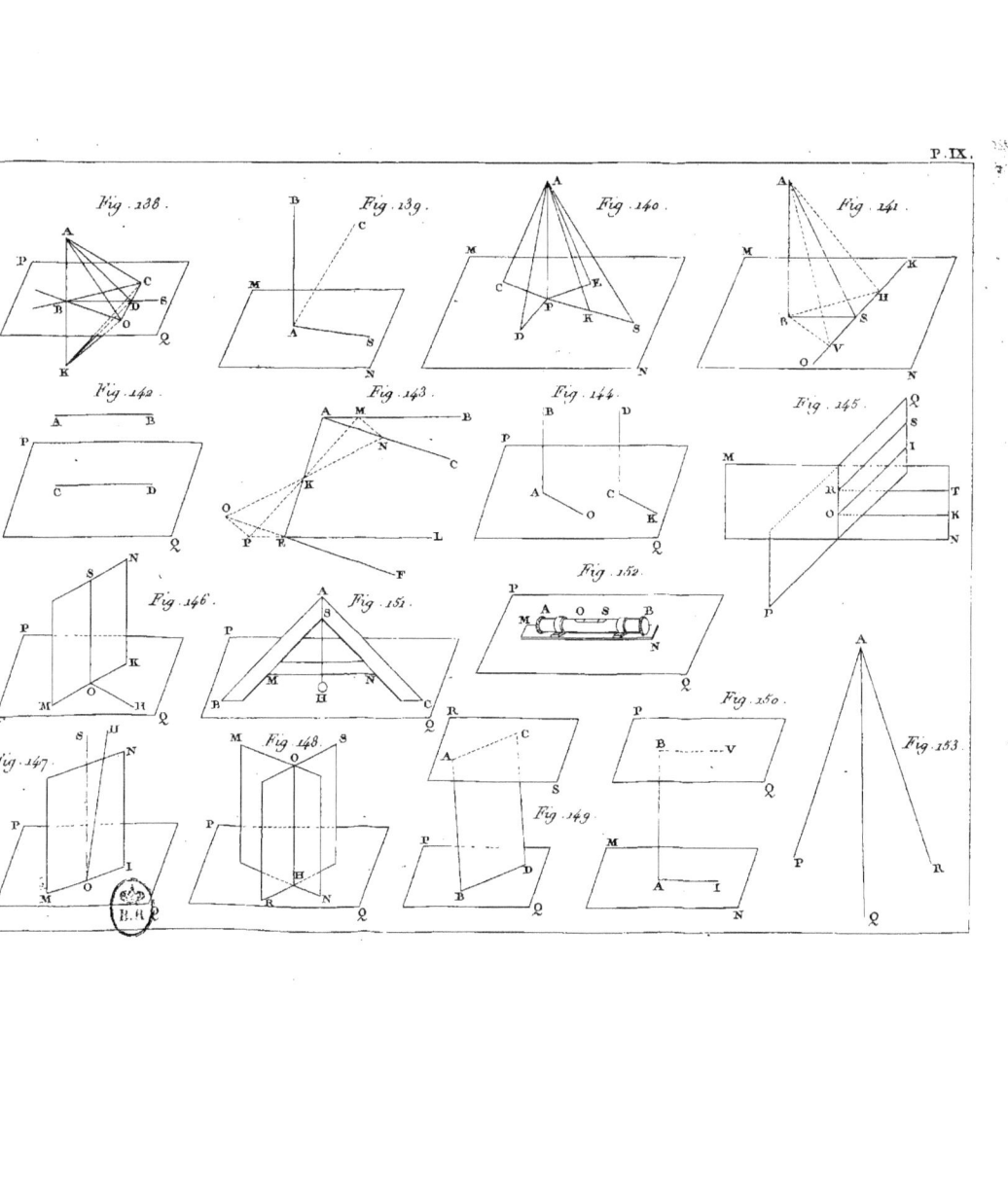

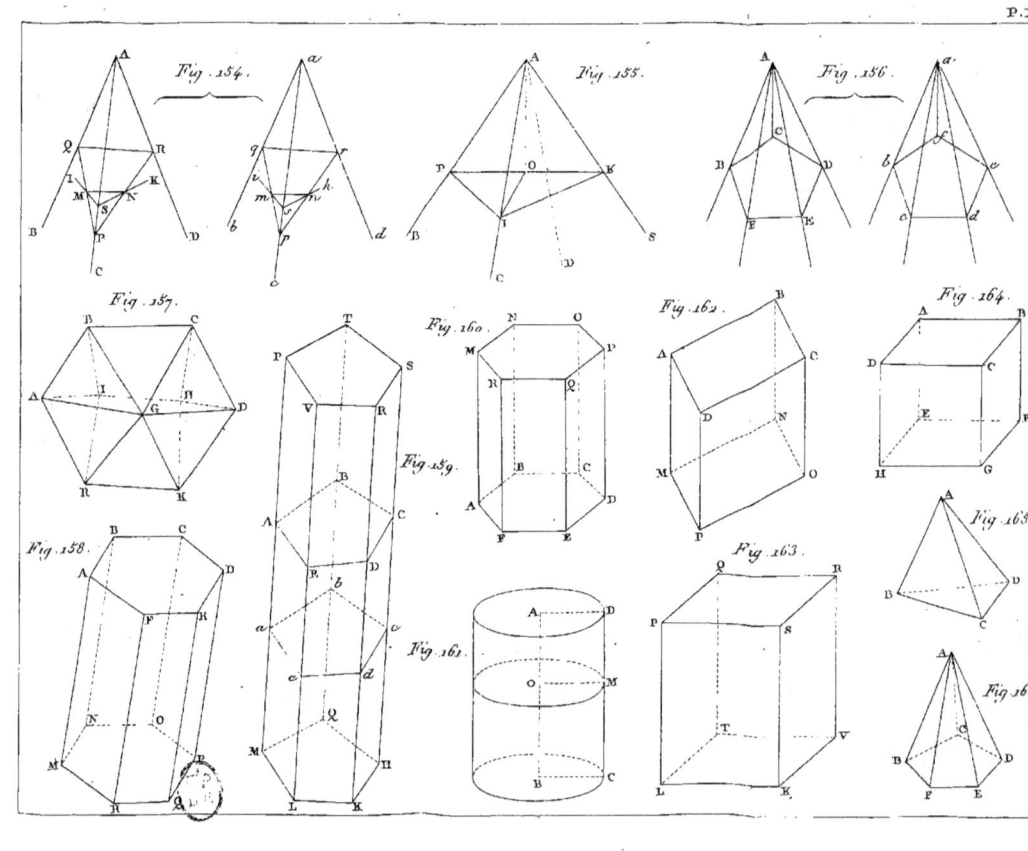

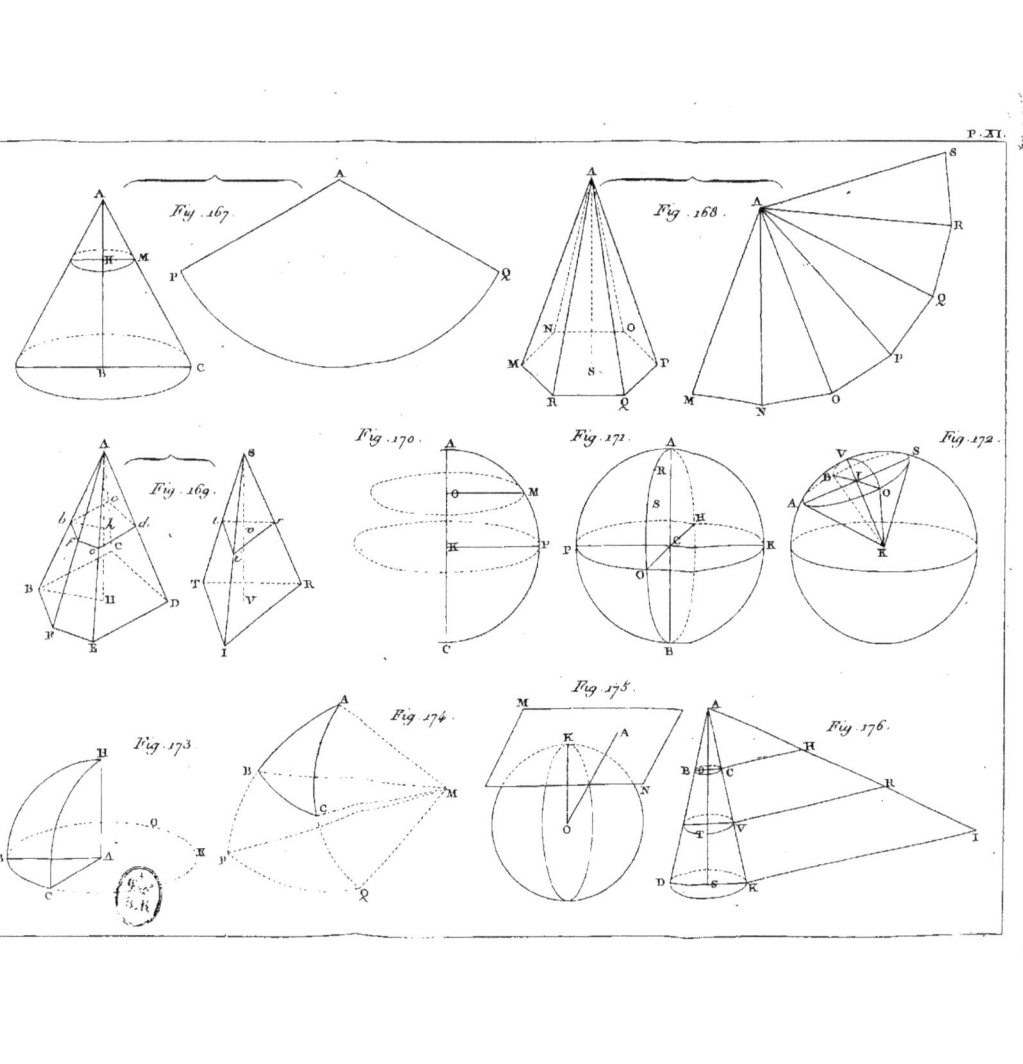

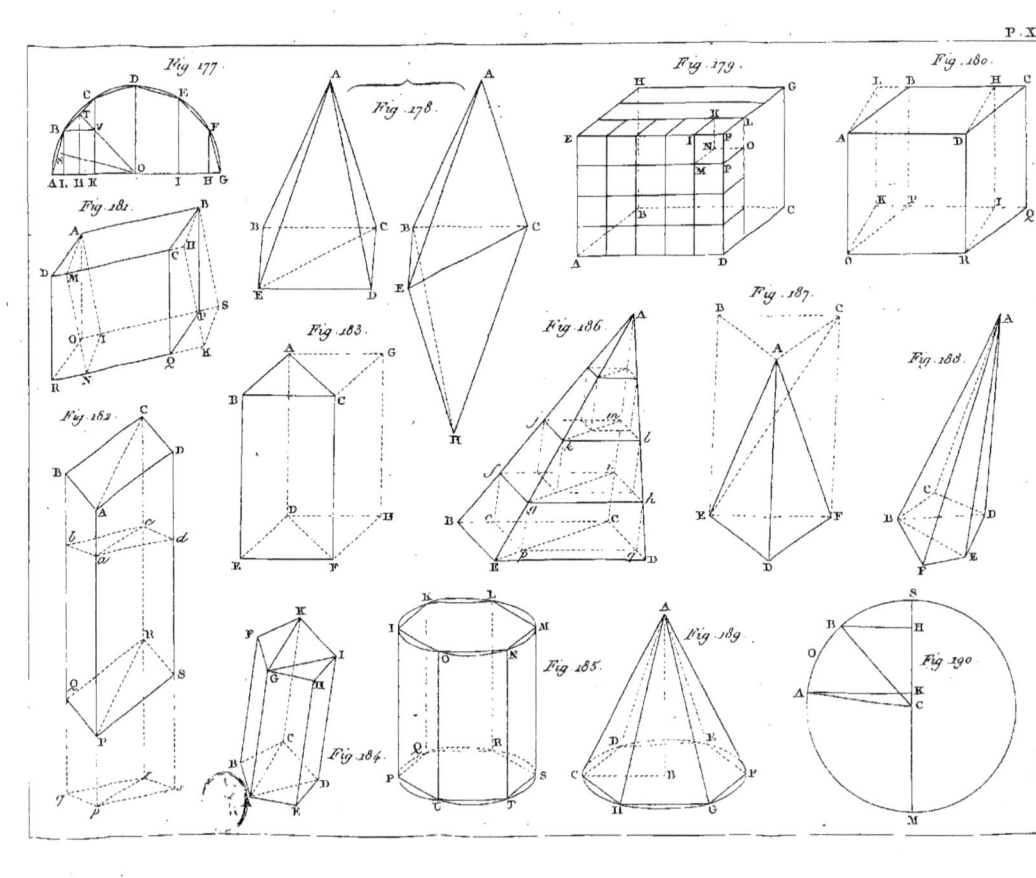

Chez le même Libraire :

ARITHMÉTIQUE à l'usage des classes d'humanités dans les établissements d'instruction publique, par M. Vernier, professeur de mathématiques spéciales au collège de Henri IV. 1 vol. in-12, cartonné avec soin. Prix. 1 fr. 75 c.

ASTRONOMIE ÉLÉMENTAIRE, par A. Quételet, directeur de l'Observatoire de Bruxelles. 1 vol. in-12, avec planches gravées. Prix, br. 3 fr. 50 c.

ÉLÉMENTS DE CRISTALLOGRAPHIE, par G. Rose, de Berlin, trad. de l'allemand par V. Regnault. 1 vol. in-8, avec un atlas de 20 planches. Prix, br. 6 fr.

ÉLÉMENTS DE GÉOMÉTRIE DESCRIPTIVE, par E. Duchesne. 2ᵉ édition. 1 vol. in-8 de 13 feuilles et un cahier d'épures. Prix, br. 5 fr.

PRÉCIS D'HISTOIRE NATURELLE à l'usage des collèges et des maisons d'éducation, précédé de notions élémentaires de physique et de chimie, par M. Delafosse, aide-naturaliste au Jardin du Roi, et maître des conférences à l'Ecole normale. 2 vol. in-12 avec 48 planches gravées. Prix, br. 8 fr.

PROBLÈMES D'ALGÈBRE ET EXERCICES DE CALCUL ALGÉBRIQUE avec les solutions, par M. Ritt. 2 vol. in-8. Prix, br. 3 fr. 50 c.

PROBLÈMES D'APPLICATION DE L'ALGÈBRE A LA GÉOMÉTRIE, avec les solutions développées, par le même.

1ʳᵉ partie (*de la ligne droite et du cercle*). 1 vol. in-8. Prix, br. 4 fr. 50 c.

2ᵉ partie (*ligne droite, ellipse, hyperbole, parabole*). 1 vol. in-8. Prix, br. 5 fr.

PROBLÈMES D'ARITHMÉTIQUE ET EXERCICES DE CALCUL, sur la géométrie, la mécanique, l'astronomie, la géographie et la chimie, etc., servant de complément à tous les traités élémentaires d'arithmétique, par M. Saigey. 1 vol. in-18, contenant près de 1500 problèmes. Prix, br. 75 c.

Les solutions raisonnées, par Sonnet. Prix, br. 1 fr. 50 c.

PROBLÈMES DE GÉOMÉTRIE avec des plications au dessin linéaire, à l'arpentage, à la division des terrains etc., précédés d'une introduction à la méthode à suivre pour la résolution des problèmes de géométrie avec les solutions, par M. Ritt. 2 vol. in-8. Prix, br. 3 fr. 50 c.

QUESTIONS INÉDITES relatives aux examens de l'Ecole polytechnique et de la marine, par E. Duchesne. 1 vol. in-8. Prix, br. 3 fr. 50 c.

TRAITÉ ÉLÉMENTAIRE D'ARPENTAGE ET DU LAVIS DES PLANS, suivi des règles pour la mesure des bois de construction et autres, par M. Lamotte, inspecteur de l'enseignement primaire. 1 vol. in-12, avec 8 planches gravées, dont 2 coloriées. Prix. 2 fr.

TRAITÉ ÉLÉMENTAIRE DE CHIMIE et d'application de cette science aux arts et aux manufactures, par M. Desmarest, ancien élève de l'Ecole polytechnique. 1 fort vol. in-12, avec planches gravées. Prix, br. 4 fr. 50 c.

TRAITÉ ÉLÉMENTAIRE DE PHYSIQUE, par E. Péclet, maître des conférences de physique à l'Ecole normale, et professeur de physique à l'Ecole centrale des arts et manufactures. 2ᵉ édition. 2 forts vol. in-8. Prix, br. 12 fr.

TRAITÉ ÉLÉMENTAIRE DE MÉTROLOGIE ET DE CHRONOLOGIE, contenant l'exposition des principaux systèmes de mesures, poids et monnaies, suivis par les Egyptiens, les Hébreux, les Grecs, les Asiatiques, les Romains, les Arabes, les Hindous et les Chinois; l'histoire du système français à toutes les époques de la monarchie; l'origine des mesures actuelles des divers peuples; l'établissement des nouveaux systèmes européens, et en particulier du système métrique; l'explication des calendriers; enfin l'exposition des principaux systèmes de numération écrite. Ouvrage rédigé d'après les documents les plus récents, par M. Saigey, physicien. 1 vol. in-12, avec planches. Prix, br. 3 fr. 50 c.

www.ingramcontent.com/pod-product-compliance
Lightning Source LLC
Chambersburg PA
CBHW070650170426
43200CB00010B/2177